Eugéne Alinge

Das Zellenhaus bei der Strafanstalt Zwickau

Erfahrungen und Beobachtungen über die Einzelhaft - 2 Berichte

Eugéne Alinge

Das Zellenhaus bei der Strafanstalt Zwickau
Erfahrungen und Beobachtungen über die Einzelhaft - 2 Berichte

ISBN/EAN: 9783743486362

Hergestellt in Europa, USA, Kanada, Australien, Japan

Cover: Foto ©ninafisch / pixelio.de

Manufactured and distributed by brebook publishing software
(www.brebook.com)

Eugéne Alinge

Das Zellenhaus bei der Strafanstalt Zwickau

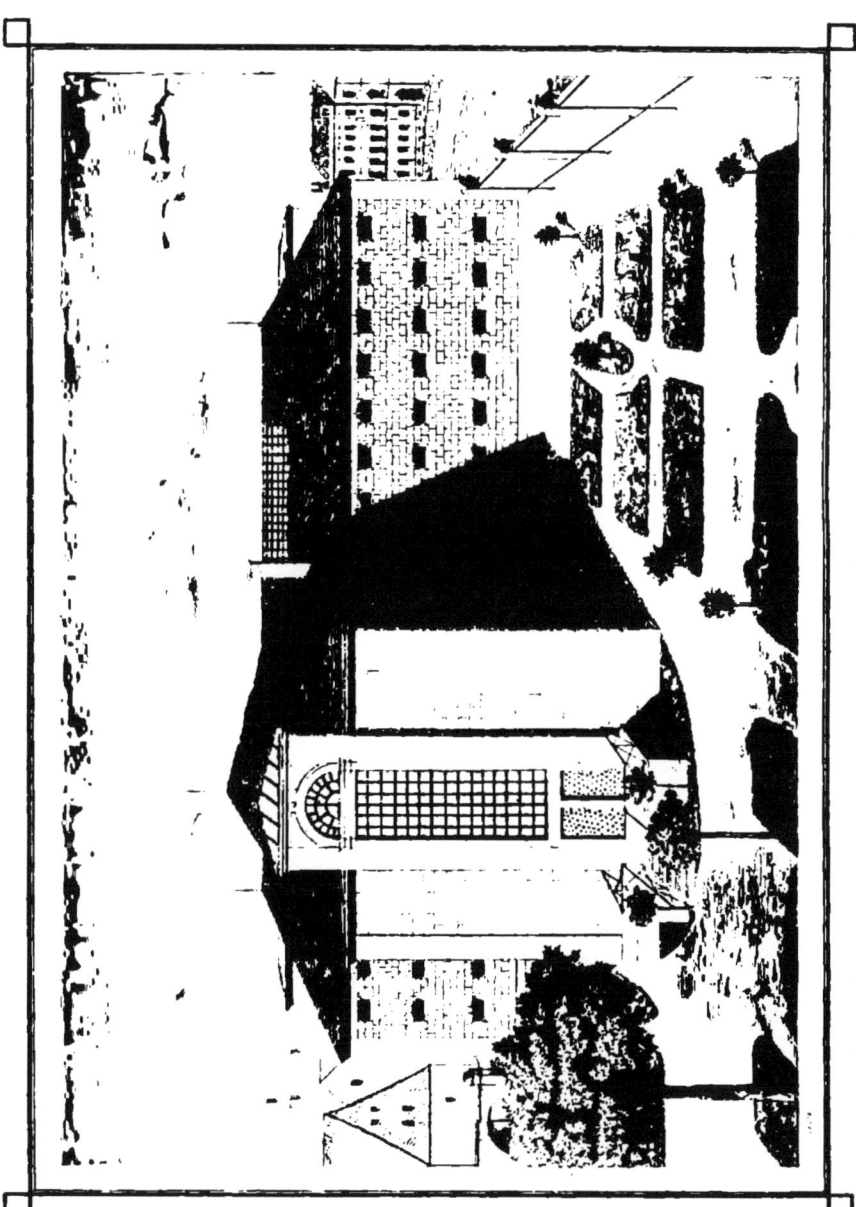

Ansicht des Zellenhauses der Strafanstalt zu Zwickau

Das

ZELLENHAUS

bei der

STRAFANSTALT ZWICKAU.

————

Erfahrungen und Beobachtungen

über die

Einzelhaft.

∼∼∼∼

Zwei Berichte.

∼∼∼∼

Nebst 2 lithographirten Tafeln.

————————

Zwickau, 1869.

Inhalts-Verzeichniss.

~~~~

Vorwort.

Der Kampf um das Für und Wider bezüglich der Einzelhaft ist noch nicht ausgekämpft.

Wird er auch nicht mehr mit der Erbitterung geführt wie früher; hat man auch der Gemeinsamkeit wiederum etwas Berechtigung zuerkannt; fangen gleich die Freunde der Isolirhaft an, etwas von ihrer Exclusivität nachzulassen, ja sogar die systematische Einzelnhaft zum guten Theile ihres hyperbolischen Schmuckes zu entkleiden, so ist doch noch lange keine Ausgleichung der gegnerischen Parteien herbeigeführt.

In der neuesten Zeit tritt vielmehr die Einzelnhaftfrage erst recht wieder in den Vordergrund insofern, als man der Meinung ist, die Einzelhaft als eine neue Strafe in die moderne Strafskala aufnehmen zu können. Alles dies ist Beweis genug, dass man einestheils sich noch sehr viel mit der Einzelnhaft beschäftigt, anderntheils im Grunde noch recht wunderliche Ansichten darüber hat. Je weniger nun selbst die Fachleute über das

Wesen und die Wirkungen einig sind, desto weniger kann es Wunder nehmen, wenn Nichtsachverständige, welche weder durch Beruf noch specielles Studium Gelegenheit haben Beobachtungen zu sammeln, in ihren Ansichten divergiren.

Zur Information über diesen Gegenstand kann daher nichts erwünschter sein, als zu hören, welche Erfahrungen die aufmerksamen Beobachter in der Praxis gemacht haben.

Diese Erfahrungen bilden eine Basis, von der aus Jeder im Stande ist, sich ein Urtheil über den Werth und die Bedeutung der Einzelnhaft zu bilden, der ein Interesse dafür hat.

Auf Grund solcher Beobachtungen, welche weder eine Empfehlung noch eine Verurtheilung der Sache enthalten, kann man sich ein selbstständiges Urtheil bilden, ob man sein Votum für oder wider zu geben hat.

Diesem Zwecke soll das vorliegende Schriftchen dienen. Es soll also nicht selbst mit eintreten in die Arena des Kampfes; es soll vielmehr nur Gelegenheit bieten für den, welcher berufen ist, oder sich berufen fühlt mit zu kämpfen, sich zu unterrichten über das, was die Praxis gefunden und mit unausgesetztem Fleisse beobachtet hat.

Vielleicht finden die gesammelten Erfahrungen um so mehr Beachtung, je mehr der Leser erkennen wird, dass sie nicht zusammen getragen worden sind, um die Oeffentlichkeit zu belehren, sondern zur eignen Information und zum Beweise, wie man versucht hat, seine Aufgabe zu lösen.

Einigen Anspruch auf Beachtung dürften die ausgesprochenen Ansichten auch um deswillen verdienen, weil sie thatsächlich eigentlich einen Zeitraum von beinahe 19 Jahren umfassen, in welchem die Beobachtenden ihre Zeit und Kraft dem Dienste des Strafvollzugs widmeten.

Die Uebereinstimmung in den Grundansichten, welche in den Berichten ausgesprochen sind, trotzdem sie zu so verschiedenen Zeiten abgefasst wurden, dürfte ebenfalls der Berücksichtigung werth sein. Wohl schwerlich wird man die niedergelegten Beobachtungen mit der Bemerkung in Zweifel ziehen können, dass sie ja nicht an einer Anstalt mit ausschliesslicher Einzelhaft gewonnen seien.

Wenn auch in dem ersten Berichte nur von einer Einzelhaft in den damals bei der Anstalt Zwickau vorhandenen 29 Zellen die Rede ist, so sind doch diese in besonders abgeschlossenen Räumen angebracht gewesen, welche eine wirkliche Isolirung der Gefangenen möglich machte und mindestens die Gründlichkeit der gemachten Beobachtungen nicht ausschliesst.

Leider konnte dem längst gefühlten Bedürfnisse nach Räumlichkeiten zu einer umfassenderen Anwendung der Einzelhaft nicht eher Rechnung getragen werden, bis nach Erbauung des neuen Zellenhauses. Von da ab ist aber auch die Einzelhaft ebenso systematisch und unter Anwendung derselben Hilfsmittel wie in jeder andern Anstalt mit Einzelhaft durchgeführt worden. Dabei dürfen wir nicht unerwähnt lassen, dass das Zellenhaus von der Strafanstalt Zwickau nur einen Theil und zwar einen verhältnissmässig kleinen Theil bildet.

Man wolle zugleich daraus abnehmen, welche Aufgabe dem Strafvollzuge in einer solchen Anstalt gesteckt ist.

Ueber die ganze Anstalt wird eine demnächst erscheinende ausführliche Statistik den eingehendsten Aufschluss geben.

So möge denn dieses Schriftchen Zeugniss ablegen über die Art, wie wir diesen Zweig des Strafvollzuges behandeln und eine freundliche Aufnahme bei denen finden, die ein Interresse und ein warmes Herz haben für die hohe Aufgabe des Strafvollzuges, für die Strafe und Besserung der Verbrecher.

ZWICKAU, den 26. Februar 1869.

Die Königliche Anstalts-Direction.

Bericht

an das

Königl. Sächsische Ministerium des Innern,

erstattet

am 1. November 1861.

In der Strafanstalt Zwickau, welche vom Jahre 1850 bis 1860, mithin während eines Zeitraumes von 10 Jahren

10776 Verbrecher

aufgenommen hat, wovon innerhalb dieses Zeitraumes 9822 Mann abgegangen sind, werden bis 29 Zellen zur Isolirung von Gefangenen benutzt.

Während des vorbezeichneten zehnjährigen Zeitraumes sind von

10776 Detinirten

752 Individuen

in verschiedener Dauer, von 4 Wochen bis zu 4 Jahren 10 Monaten isolirt worden.

Bevor über die Beweggründe, welche bei Isolirung der einzelnen Individuen maassgebend sind, berichtet wird, dürfte zuvörderst zu bemerken sein, dass die Räume der Strafanstalt Zwickau höchstens 600 Gefangene bergen sollten, man hat aber bis zu 1248 unterbringen müssen. Von dem durchschnittlichen Jahresbestand — 962 — waren mindestens 100 Individuen als: Jugendliche von 14 bis 17 Jahren, Alte von 70 bis 80 Jahren, Gotteslästerer, Bresthafte, Simulanten, Reconvalescenten, gemeingefährliche Verführer, höhern Ständen Angehörige, Bestrafte und Ermahnte etc., der Isolirung dringend bedürftig.

Solchen tagtäglichen und verschiedenartig drängenden Bedürfnissen unter bewandten Umständen und in dem Bewusstsein, Gott

1

und den Menschen verantwortlich zu sein, abzuhelfen, war und ist zur Zeit noch, wenn auch mit mehr Aussicht auf Besserung, durch den begonnenen Zellenbau, eine schwere Aufgabe.

Sie in möglichst angemessener Weise zu lösen, hat man folgendes Verfahren maassgebend sein lassen.

Es werden isolirt:

Jugendliche Verbrecher von 14 bis 17 Jahren ohne Ausnahme unmittelbar nach der Einlieferung auf unbestimmte Zeit, sodann Individuen, welche das 20. Lebensjahr noch nicht erreicht haben, behufs Begründung eines Urtheils über das, was ihnen vornehmlich noth thut;

Gotteslästerer;

Wegen widernatürlicher Unzucht Eingelieferte, sofern sie nicht unter besonderer Aufsicht zu körperanstrengenden Arbeiten verwendet werden können;

Hochbejahrte, Bresthafte, mit Ekel erregenden chronischen Krankheiten Behaftete;

Individuen aus höhern Ständen, welche der Erlaubniss, mit schriftlichen Arbeiten sich beschäftigen zu dürfen, werth und bedürftig erscheinen;

Individuen, denen mangelnde Selbsterkenntniss vermittelt werden soll, oder bei denen ganz besondere seelsorgerische Einwirkung nothwendig und heilsam erscheint;

Gemeingefährliche Subjecte, von denen mit Sicherheit anzunehmen ist, dass ihr Gifthauch Andern verderblich werden wird;

Individuen, denen die Strafe in der Gemeinschaftshaft nicht als Uebel erscheint.

Die Lehre von der absoluten Gleichheit der Menschen ist überall unwahr, vorzüglich vor dem weltlichen Gesetze und vor der Strafe, und nichts ist täuschender, als die Aussenseite der Strafe, wie des Gestraften. Man hat daher in Betracht der so unendlich verschiedenen physischen wie moralischen Individualität der Verbrecher mit äussorster Sorgfalt in Anwendung der Isolirhaft zu verfahren. Der Untersuchungsrichter wird nur in einzelnen Fällen ein richtiges Bild von dem Verbrecher zu den Akten entwerfen können, weil dem Angeklagten während der Untersuchung und der Vertheidigung immer neue und verschiedene hoffnungsreiche wie niederschlagende Momente zur Verlängnung seines eigentlichen Wesens führen werden. Um so weniger dürfen Strafanstaltsbeamte ihr Urtheil über den Gefangenen von den

Akten-Notizen und von dem ersten persönlichen Eindruck, welcher mehr oder weniger von ersteren beeinflusst wird, bestimmen lassen wollen.

Erst im Laufe der Strafhaft wird es gelingen, einen klaren Einblick in das Wesen des Gefangenen zu gewinnen, und dann heisst es unter möglichster Berücksichtigung der Individualitäten die Haft so einzurichten, dass sie jedem der Bestraften in gleichem Maasse fühlbar und nützlich werde; denn die Gleichheit vor der Strafe darf nicht in der objectiven Beschaffenheit der Strafmittel, sondern in der subjectiven Wirkung gesucht werden. Wenn daher nach der oben angegebenen Classification die Isolirhaft namentlich bei jugendlichen Verbrechern so weit möglich unmittelbar nach der Einlieferung, und bei andern Individuen je nach dem eintretenden Bedürfniss angewendet worden ist, so hat man mit grösster Vorsicht in Obacht zu nehmen gehabt, dass eine zu kurze Dauer der Anwendung dieser Haftweise oder eine zu lange Ausdehnung derselben die verhoffte günstige subjective Wirkung verhinderte, oder wohl gar unheilbare Schäden herbeiführte.

Für jedes einzelne Individuum im Voraus zu bestimmen, wie lange ihm die Isolirhaft förderlich oder nicht nachtheilig und gefährlich werden soll, muss nach den hiesigen Erfahrungen durchaus als unthunlich, ja als unausführbar bezeichnet werden.

Die Wirkung der Isolirhaft, wie sie in den verflossenen 10 Jahren hier wahrgenommen worden ist, zeigt sich je nach dem Temperament, Charakter, Seelenzustand, Bildungsgrad und Lebensalter der Detinirten als eine völlig verschiedenartige.

Die Mehrzahl der jüngeren im Alter von 14 bis 19 Jahren stehenden Gefangenen, über welche die Isolirhaft verhängt wurde, gehörte zu den vorzugsweise Leichtsinnigen, durch Verführung, Genusssucht und Weltleben Erschlafften.

In der Regel erschien diesen die Isolirhaft in den ersten zwei bis drei Wochen überaus schreckhaft, so dass sie beim geringsten Anlass weinten, oft aber ganz mechanisch in Gesangbuch, Bibel und Erbauungsbüchern lasen und beteten; danach traten sie bald mit dem vollen Bekenntniss früher begangener Sünden hervor, bekannten die besten Vorsätze und suchten namentlich bei den Besuchen der Geistlichen ihre Befreiung aus der Isolirhaft zu erwirken. Wurden Individuen dieser Art nach Verlauf von etwa zwei Monaten auf die gemeinschaftlichen Arbeitssäle versetzt, so zeigten sie sich durchgängig ängstlich, vorsichtig und hielten sich meist straflos.

Wurden diese aber aus besonderen Ursachen auf längere Zeit in der Zelle belassen, so stellte sich bei den meisten ein fast unheilbares Sichgehenlassen ein. Sie arbeiteten so viel als nöthig, richteten sich möglichst bequem ein, liessen sich gern bedienen, zeigten beim Essen eine widerwärtige behagliche Genusssucht, dachten wenig mehr an Gebet und Erbauung und äusserten in der Regel keinen andern Wunsch, als in der Zelle bleiben zu können und eine Ergötzlichkeit für den Gaumen und für die Nase (Butter, Bier und Schnupftabak) zu erlangen.

Mehrere, erst vor Kurzem zwei solcher Individuen, welche während ihrer ganzen 4monatlichen Strafzeit in der Zelle belassen worden waren, traten, nachdem sie als rückfällig wieder eingeliefert worden waren, der Eine der beiden letzten sofort bei der Einlieferung, der Andere 6 Wochen später mit der Bitte um Wiederisolirung vor den Direktor und vor den Geistlichen. Ja nicht selten ist es vorgekommen, dass solche Subjecte offen erklärt haben, dass sie in der Gemeinschaftshaft so lange sich schlecht betragen würden, bis sie ihre Zelle erhielten. Einer, der ebenfalls dauernd 4 Monate isolirt gewesen war, hatte wenig Tage nach seiner Entlassung einem gleichverderbten Jugendgenossen, dem Arbeitshausstrafe zum ersten Male zugesprochen war, den Rath gegeben, um Isolirung zu bitten, da es ihm dann ganz gut und — besser als in der Freiheit ergehe. Ein anderer im Alter von 17 Jahren, auch 4 Monate in Isolirhaft gehalten, mit den besten Hoffnungen entlassen, bei einem achtbaren Landwirthe in Arbeit gebracht, hatte bald nach der Entlassung wieder gestohlen, um, wie er geständig gewesen, in der Zelle bequemer leben, und nicht, wie im Dienst, früh 4 Uhr oder noch früher aufstehen zu dürfen.

Verschiedene Individuen der oben bezeichneten Art hatten sich selbstgeständig während der Isolirhaft der Onanie ergeben, liessen aber, aus der Zelle entfernt, väterlich ermahnt und sorgfältig beobachtet, dieses Laster nicht weiter an sich erkennen.

Zehn, und in den letzten drei Jahren nur vier, leichtsinnige, jugendliche Verbrecher sind durch längere über 6 Monate währende Isolirhaft auf die Dauer geweckt und vielleicht gerettet worden, darunter einer, den der Schrecken der Einsamkeit zum Selbstmordversuch trieb, der aber noch rechtzeitig davon zurückgehalten und später sittlich sehr gekräftigt das Strafhaus verliess.

An zwei Individuen wurde die Wahrnehmung gemacht, dass sie durch die Isolirhaft gänzlich zerstreut, anfangs von schweren beängstigenden Träumen, später von Visionen aller Art bei Tage gequält wurden, Täuschungen, die sofort aufhörten, als dieselben wider ihren Willen aus der Zelle entfernt worden waren. Sehr segensreich wirkte die Isolirhaft bei Leichtsinnigen in verschiedenen Fällen, wo die betreffenden Detinirten in Folge leichtsinnigen Verhaltens sich wiederholt Disciplinarstrafen zugezogen und in Folge dessen auf unbestimmte Zeit isolirt worden waren. Sie hielten sich später durchgehends ernst und vorsichtig. Ebenso wirksam erwies sich die Isolirhaft in den Fällen, wo leichtfertige Gefangene, die sich zwar im Allgemeinen gut zu führen verstanden, aber doch zeigten, dass sie indifferent geblieben, in den letzten Wochen ihrer Detentionszeit ohne äussere Veranlassung und plötzlich in Einzelhaft gebracht worden waren.

Sie wurden dadurch gezwungen oder angehalten über sich nachzudenken, und nahmen mindestens einen Schreck aus der Strafzeit mit, der ihnen ebenso nothwendig als heilsam war.

Als besonders günstig und wirksam zeigte sich die Isolirhaft an solchen Individuen, welche in Folge von plötzlich eingegangenen traurigen Nachrichten aus der Familie auf Wochen oder Monate in die Zelle gebracht wurden.

Die Gebildeten, und darunter besonders die litterarisch Gebildeten, fanden sich in den ersten Wochen, ja Monaten meist ganz zufrieden gestellt, vermieden gern selbst den geringen ihnen möglichen und erlaubten Verkehr mit Andern, suchten in der Einsamkeit Ruhe und Trost und zeigten für seelsorgerische Wirksamkeit wenig Empfänglichkeit. Desto quälender, ja peinigender wurde ihnen die Isolirhaft nach Verlauf der ersten Monate. Sie marterten sich in der Regel durch Grübeleien bezüglich ihrer Verurtheilung, durch Sorgen um die Angehörigen, zukünftige Existenz. Viele geriethen in schwer zu hebende Anfechtungen und Zweifel und bei Einigen ist es mir zur Gewissheit geworden, dass sie bei längerer Dauer der Einzelhaft die Anstalt und ihre Zelle verlassen haben würden mit Schaden an geistiger Kraft und Gemüth.

An den mehr oder minder Bösartigen und Leidenschaftlichen zeigte sich die Wirkung der Isolirhaft am wohlthätigsten. Sie nahmen, der Mehrzahl nach, die Isolirung anfangs mit kalter Ruhe auf, zeigten sich indolent und namentlich seelsorgerischen Zusprachen gegenüber verbittert, ja verstockt. Die Haft selbst schien ihnen wenig drückend zu sein. Gelang es jedoch nach 2 bis 4 Monaten ihr Vertrauen zu erwecken, dann schlossen sie sich allmälig auf und suchten von selbst Rath und Trost, um aus ihrem elenden Zustande sich wieder erholen zu können. Meist gelang es ihnen, ganz klare Erkenntniss ihres gesammten Zustandes zu gewinnen. Dauerte die Isolirhaft längere Zeit, dann schien sie Solchen drückend und peinlich zu werden, so dass sie die Freiheit mit grosser Sehnsucht erwarteten. In diesem Zustande fanden bei ihnen religiöse Belehrungen und namentlich auch väterliche Ermahnungen, wenn sie auch sehr streng lauteten, einen recht geeigneten Boden. Nach den hiesigen Erfahrungen dürfte so viel fest stehen, dass von den wegen Bösartigkeit und Leidenschaftlichkeit Isolirten nur 25 Procent ohne allen Gewinn in Isolirhaft gehalten werden, 50 Procent sicher mancherlei gewonnen hatte und mit redlich gemeinten Vorsätzen in die Freiheit zurück trat, 25 Procent dagegen, vielleicht nur in Folge der Isolirhaft, mit der sichern Hoffnung dauernder Besserung entlassen werden konnten. Für Solche, denen die neuerlich getroffenen Erleichterungen in Bezug auf Wohnortswahl und geringere Last polizeilicher Beaufsichtigung zu Theil werden, dürfte selbst Artikel 300 des Strafgesetzbuches * nicht mehr gefährlich sein.

---

* **Art. 300** des revidirten Strafgesetzbuches für das Königreich Sachsen lautet:

Macht ein wegen vollendeten Raubes, Diebstahls, Betrugs oder wegen einer vollendeten Erpressung oder wegen Anstiftung zu einem solchen Verbrechen bereits zweimal, und darunter wenigstens einmal mit Arbeitshaus oder Zuchthaus Bestrafter, nach wenigstens theilweise erfolgter Vollstreckung der früher verwirkten Strafen, sich anderweit des vollendeten Verbrechens des Diebstahls, des Betrugs, der Erpressung oder der Anstiftung zu einem solchen Verbrechen schuldig, so ist wegen des neuen Verbrechens, dafern es ausserdem nach den Bestimmungen dieses Capitels und den allgemeinen Vorschriften über den Rückfall — übrigens mit Ausschluss der hierbei nicht in Anwendung zu bringenden Vorschrift im zweiten Absatze des Art. 17 — mit Gefängniss oder mit Arbeitshaus zu bestrafen sein würde, auf die nächsthöhere Strafart in gleicher Dauer, jedoch jedenfalls, selbst wenn diese höhere Strafart in Arbeitshaus besteht, nicht unter einem Jahre zu erkennen.

Hat Jemand, nachdem er wegen vollendeten Verbrechens des Diebstahls, der Erpressung, des Betrugs oder wegen Anstiftung zu einem solchen Verbrechen bereits wenigstens zweimal Gefängnissstrafe erlitten, sich anderweit eines vollendeten Verbrechens dieser Art oder der An-

Ganz entschieden nachtheilig wurde die Isolirhaft bei
längerer Dauer solchen Individuen, deren Gemüthsleben unangeregt

stiftung zu einem solchen schuldig gemacht, so ist, wenn wegen dieses
neuen Verbrechens nach den Bestimmungen dieses Capitels und den
allgemeinen Vorschriften über den Rückfall wiederum auf Gefängniss
zu erkennen sein würde, statt dessen wider ihn auf Arbeitshaus
bis zu sechs Monaten zu erkennen. etc. etc.

Welche Wirkung dieser Artikel für die Praxis hat, mögen beispielsweise die
nachfolgenden zwei Erkenntnisse beweisen:
In der wider N. N. geführten Untersuchung erkennt das Königl. Gerichtsamt N. diesen Bescheid:
Dass der Angeschuldigte N. auf Grund seines Zugeständnisses Blt. 4 am
16. April 1868 in der Mittagsstunde aus der Küche des Damnificaten N. ein ihm
von demselben wieder abgenommenes, Bl. 4 b auf —„ —„ 5 Pfennige
legal gewürdertes Stück Seife entwendet zu haben, unter Berücksichtigung des Umstandes, dass er nach Blt. 4 b 5 wegen Eigenthumsvergehen bereits mehrmals Freiheitsstrafe, zuletzt einjährige Arbeitshausstrafe erlitten hat,
in Gemässheit Art. 272. 273. 276 sub 1, 82 jetzt 300 Abs. 1 des Strafgesetzbuches
mit wiederum Arbeitshausstrafe in der Dauer von einem Jahre, indem wegen
des neuen Verbrechens, welches ausserdem mit einer dreitägigen Gefängnissstrafe,
die durch Erhöhung der an sich erwirkten eintägigen Gefängnissstrafe
wegen des mehrfachen Rückfalles nach Art. 82 des Strafgesetzbuches um zwei
Tage ergiebt, zu bestrafen gewesen sein würde, nach der präceptiven Vorschrift
des Art. 300. Abs. 1 des Strafgesetzbuches auf die nächst höhere Strafart, jedenfalls nicht unter einem Jahre Arbeitshaus, erkannt werden musste, zu belegen,
und die durch die Untersuchung verursachten Kosten abzustatten schuldig.
Von Rechts Wegen.

In der Untersuchung wider N. erkennt das Königliche Gerichtsamt N. für
Recht:
Weil, wie nach dem unumwundenen Zugeständnisse des Angeklagten Blt. 4
in Uebereinstimmung mit den Angaben des Verletzten N. Blt. 3 für erwiesen an-
zusehen, ernannter N. am Tage der vorjährigen Kirmes eine N. gehörige
Blt. 3 b auf —„ 1 Ngr. —„ legal gewürderte alte Kratze aus
dem offenen Hofe N.'s ohne Wissen und Willen desselben, um sie zu verkaufen,
mit fortgenommen und dem Eisenhändler N. zum Kaufe angeboten, sonach auch
sein Anführen Blt. 4., dass er sie für werthlos und unbrauchbar gehalten, nicht
weiter zu beachten, so ist derselbe wegen sonach zweifellos sich zu Schulden ge-
brachten einfachen vollendeten Diebstahls in einiger Berücksichtigung zwar der
Wiedererlangung des gestohlenen Gegenstandes Blt. 3, doch andererseits auf
Grund des im Personalbogen constatirten wiederholten, auch bereits zu zweien
Malen mit Arbeitshaus geahndeten Rückfälligkeit selbst bei der beinahe
bis zur Werthlosigkeit absteigenden Geringfügigkeit des
Werthes des Entwendeten in Gemässheit der Art. 272, 273, 276 1
in Verbindung mit Art. 298, 82 und 300 Abs. 1 des revidirten Strafgesetz-

geblieben oder erstorben war. Ebenso denen, welche erschlafft und ohne Willenskraft wären. Sie fanden behaglichen Genuss im Zellenleben und sehnten sich bald nach erlangter Freiheit in die lieb gewonnene Stätte des Strafhauses zurück.

Im Allgemeinen hat man beobachtet, dass es dringend nothwendig ist, genau den Zeitpunkt zu erwägen, wo es gilt, die durch die Isolirung gewonnenen Resultate einer Probe zu unterwerfen, indem man den Isolirten der Gemeinschaftshaft wieder zutheilt, weil ein sicheres Urtheil über die besten Vorsätze und Versprechungen wie über den ganzen sittlichen Werth eines Menschen nur aus seinem Verhalten gegen seine Nebenmenschen in einem Stande relativer Freiheit zu gewinnen ist, und ein gewaltsames Zurückhalten Kräftigung des Willens zeigen zu können, gar leicht unheilbaren Rückschlag, Indolenz und Verbitterung erzeugt.

Was die Temperamente betrifft, so ertragen Phlegmatische die Isolirhaft am leichtesten und längsten; Sanguinischen wurde sie bei kurzer Dauer am förderlichsten; Melancholischen und Cholerischen, letzteren ganz besonders in den meisten Fällen und bei längerer Dauer, gefährlich.

In Bezug auf die' leiblichen Zustände der Isolirten ist hier hauptsächlich zu bemerken: Sehr jugendlichen noch nicht hinreichend entwickelten Individuen ist die Isolirhaft schädlicher als älteren; kräftigen nachtheiliger als schwächlichen; die an Arbeit im Freien gewöhnten haben anfänglich mehr zu leiden, als die sonst in geschlossenen Räumen arbeitenden; die an Thätigkeit, welche Ausarbeitung des ganzen Körpers bedingt, gewöhnten, wurden viel schneller leidend als die sitzend beschäftigt gewesen sind.

Blutarmuth, Blutwässrigkeit, Neigung zu Oedem; siechea Aussehen; erdfahles Hautcolorit; Erschlaffung der Muskulatur; Dyspepsie; Congestion nach Brust und Kopf; Reizungszustände des Rückenmarks; geschlechtliche Erregung; unwillkürliche bei Nacht und bei Tage eintretende Saamenentleerungen, welchen nachhaltiges, allgemeines Schwächegefühl folgte; alle diese Zustände sind

buches mit Arbeitshausstrafe in der Dauer Eines Jahres, welcher Strafkörper durch Einsatz mit eintägiger Gefängnissstrafe, Verdopplung derselben wegen des Rückfalls und sodannige Erhöhung nach der präceptiven Vorschrift des Art. 300 Abs. 1 auf die erkannte Strafe gebildet worden, zu bestrafen und die gesammten Untersuchungskosten abzustatten verbunden.

Von Rechts Wegen.
Im Monat April 1869.

häufig als Folge der Isolirhaft beobachtet worden. Die grosse Aufmerksamkeit, mit welcher das geistliche, geistige und leibliche Befinden der Gefangenen überwacht worden ist, hat die Zustände wie auch psychische Anomalien und vorzugsweise psychische Depressionszustände durch rechtzeitige Vorbeugungsmaassregeln nie zu unheilbaren Schäden anwachsen lassen.

Leider muss hierbei angegeben werden, dass mindestens 10 Procent der Isolirten von allen Lebensaltern des Lasters der Onanie überführt und andere 10 Procent desselben verdächtig worden sind.

Zu constatiren ist, dass für Krüppelhafte und solche Individuen, welche an gewissen chronischen Krankheitsprocessen und an vorzeitigem wie an Alters-Marasmus leiden, die Isolirhaft zu bedingter Wohlthat wird.

Schliesslich dürften noch die hier üblichen auch die Isolirhaft betreffenden Einrichtungen zu erwähnen sein.

Nach der § 11 und 12 der Hausordnung vorgeschriebenen Reception wird der Eingelieferte dem betreffenden Stations- (Visitations-) Aufseher übergeben, welcher ihn nochmals mit den nöthigsten Bestimmungen der Hausordnung bekannt macht und in die mit den erforderlichen Geräthschaften und mit Catechismus, Bibel, Gesangbuch ausgestattete Zelle einführt.

Die Tagesordnung für die Isolirten beginnt auf das allgemeine Glockenzeichen im Sommer früh 5 Uhr, im Winter 5½ Uhr. Nach Ordnung der Lagerstätten, gehöriger Reinigung des Körpers und Lüftung der Zelle wird das Frühstück gereicht. Vor dem Genusse desselben wird der Isolirte durch die Morgenandacht der in Collektivhaft Befindlichen, deren kräftiger und erhebender Gesang in die Zellen herübertönt, an sein eignes Morgengebet erinnert. In derselben Weise wird das Abendgebet angeregt. Das Mittagessen wird 11½ Uhr, die Abendsuppe 7¾ Uhr gereicht. Frisches Wasser erhalten die Isolirten täglich drei Mal.

Das Arbeiten — Stricken, Spinnen, Tauzupfen, Weben, Stroh- oder Cocosgarnflechten, Schneidern, Täschnern, Schreiben, wissenschaftliche Beschäftigen — währt von früh 6 bis 11½ Uhr und von Mittags 1 bis Abends 7¾ Uhr. Die Zeit zwischen 12 und 1 Uhr Mittags dient zur freien Beschäftigung mit Lektüre aus der mit religiösen, belehrenden, technologischen und wissenschaftlichen Büchern versehenen und zugänglichen Bibliothek, zur Repetition für die Schule, Briefschreiben etc.

Die Arbeitszeit wird unterbrochen: regelmässig durch das tägliche gründliche Reinigen der Zelle, durch einstündige Bewegung im Freien und für Einzelne durch gymnastische Uebungen, welche vor dem Mittags- bezichendlich Abendessen nach Anweisung der Schreberschen Schrift über Zimmergymnastik vorzunehmen sind; sodann durch Schule und Kirchenbesuch, durch Besprechungen mit dem Seelsorger und Lehrer, durch die Visitation der Beamten, durch Vorführung bei dem Direktor oder an Gerichts- und Anstalts-expeditionsstelle, durch Besprechung mit Angehörigen, durch das Baden, welches in den Sommermonaten wöchentlich, in den Wintermonaten aller 2 bis 3 Wochen stattfindet.

Die Zellen werden besucht: vom Stationsaufseher mindestens 8 Mal täglich; vom Oberaufseher und vom Arbeitsinspektor 3 bis 4 Mal wöchentlich; vom Arzt so oft als nöthig; von dem Geistlichen 2 bis 3 Mal wöchentlich, da nöthig auch öfterer oder nach Befinden seltener; von dem Direktor bei öfters jedoch zu ganz unbestimmten Zeiten stattfindenden Revisionen.

Der Direktor ist allen Gefangenen immer zugänglich. Ein Missbrauch hat dadurch noch nicht statt gehabt, obgleich es die Isolirten namentlich für eine Erquickung annehmen, wenn sie in einem andern Raume sich aussprechen dürfen.

Ausnahmsweise sind auch besuchende Verwandte in Zellen zugelassen worden.

Schulunterricht geniessen die jugendlichen Isolirten mit den übrigen gefangenen Altersgenossen täglich 2 Stunden, ältere, bis 36 Jahre alte erhalten je nach Bedürfniss besondern Religionsunterricht wöchentlich 2 bis 4 Stunden. Ausserdem haben Befähigte 2 bis 3 Mal wöchentlich Gesangunterricht.

Kirchenbesuch findet statt:

an Sonn- und Festtagen 2 Mal, Vormittags und Nachmittags, ausserdem Mittwochs im Sommer früh 6 Uhr, im Winter Vormittags 10½ Uhr.

Die Disciplin unter den Isolirten ist im Allgemeinen als eine sehr gute zu bezeichnen. Widersetzlichkeiten sind, wie überhaupt seit 9 Jahren in der Anstalt, gar nicht vorgekommen. Arbeitscheu, Unfolgsamkeit, ungebührliches Antworten, Unreinlichkeit und dergleichen sind selten zu bestrafen.

In Bestrafungsfällen wird der Gefangene zuvörderst über das Vergehen vernommen, je nach den Motiven verständigt und von der Nothwendigkeit der Bestrafung möglichst überzeugt, nach verbüsster Strafe aber nochmals besonders vernommen und ermahnt, so dass er nie mit verbittertem Herzen oder in Groll gegen den Anzeiger die Isolirzelle wieder betreten darf.

Ebenso ist man auch bemüht die Gefangenen von der Gerechtigkeit der ihnen durch das Gesetz auferlegten Strafen zu überzeugen, und damit wird die rechte Sühne wie Besserung angebahnt.

Die Beamten stehen mit dem Direktor täglich in persönlichem Verkehr. Jedes in der Anstalt auffällige Vorkommniss wird alsbald erörtert und nach Befinden gemeinschaftlich besprochen. So werden namentlich die für einzelne Individuen nöthigen Maassnahmen zwischen dem Direktor und dem Geistlichen, beziehendlich dem Arzte ohne Verzug erwogen und geordnet. Ausserdem bestehen noch regelmässige Conferenzen, an denen alle Oberbeamte theilnehmen, und der Direktor hält mehrmals im Jahre in späten Abendstunden, wenn die Detinirten zum Schlafen unter Verschluss gebracht sind, mit sämmtlichen Aufsichtsbeamten sogenannte Rapports, Besprechungen über Vorkommnisse. Es wird dabei den Aufsehern die Wichtigkeit ihres Berufes erklärt, einheitliches Streben empfohlen und

„Wandelt würdiglich dem Herrn zu allem Gefallen und seid fruchtbar in allen guten Werken"
zu heiliger Pflicht erhoben.

Zwickau, am 1. November 1861.

d'Alinge.

Bericht

an

die Direction der Königlich Sächsischen Strafanstalt Zwickau,

erstattet

am 7. August 1868.

~~~~~~~~~~~~~

Der gehorsamst Unterzeichnete hat die Ehre gehabt, seit dem Tage, da das Isolirgebäude der Strafanstalt Zwickau bezogen worden ist, mit der Oberaufsicht über dasselbe und die darin untergebrachten Gefangenen betraut zu werden.

Damit hat sich für mich ein überaus weites und fruchtbares Feld der Thätigkeit eröffnet, um interessante Beobachtungen zu machen und Erfahrungen zu sammeln. Mit allem Fleisse habe ich die Gelegenheit ausgebeutet und ausserdem Alles benutzt, was mir die Theorie und Praxis an die Hand bot, mich in den Stand zu setzen, mit möglichst viel Erfolg wirken zu können. Trotzdem habe ich bisher nicht geglaubt, mir erlauben zu dürfen, der Königlichen Anstalts-Direktion diese mehr aphoristischen Bemerkungen und jungen Erfahrungen vorlegen zu dürfen.

Muss doch jeder, der mit der Wichtigkeit und Schwierigkeit des Strafvollzuges, namentlich nach dem Modus der Isolirhaft, bekannt ist, zugestehen, dass ein Zeitraum von Monaten und wenigen Jahren nicht viel sagen will.

Wenn ich nun trotzdem am Ende des Jahres 1866 mir gestatte, der Königlichen Anstalts-Direktion den ersten Bericht über die Beobachtungen und Erfahrungen vorzulegen, welche ich in meinem Dienste am Zellenhause der Strafanstalt Zwickau zu sammeln Gelegenheit hatte, so geschieht es nicht deshalb, weil ich denselben an sich einen grossen Werth beilege, oder zu einem gewissen Abschlusse gekommen zu sein glaube, sondern vielmehr nur, um für die weitere Ausbildung der Erfahrungen eine Grundlage zu haben, die subjectiv vielleicht nur werthvollen Beobachtungen nicht zu verlieren oder zu zerstreuen und hie und da anzubringende Veränderungen oder Verbesserungen zu begründen.

Da die Ansammlung von Beobachtungen und Erfahrungen über das Zellensystem unter den hiesigen Verhältnissen eine ganz primitive ist, so wird wahrscheinlich die Anordnung derselben eine nicht so streng geschiedene sein, wie sie es sein sollte.

Es wird darin eine Schwäche dieser Arbeit liegen, für welche ich im Voraus die Nachsicht der Königlichen Anstalts-Direktion in Anspruch nehmen zu dürfen bitte.

Mein Referat wird sich erstrecken über:

I. Das Haus.

Es erscheint nicht ohne Interesse, hier einige kurze Notizen über die Geschichte und den Bau des Isolirgebäudes niederzulegen.

Am 3. October 1863 wurden zum ersten Male 20 Zellen dieses Gebäudes mit Gefangenen belegt. Sie befanden sich sämmtlich im sogenannten vorderen Flügel, oder im alten Theile des Zellenhauses.

Der in der Richtung von West nach Ost gelegene Theil heisst deswegen der ältere, weil ein schon vorhandenes Gebäude, das ehemalige Salzmagazin, dazu eingerichtet wurde. Hier galt es, gegebene Dimensionen so zu verwenden, dass die planmässig neuherzustellenden Räume darin aufgingen.

Das neuere Gebäude, welches sich wagerecht an diesen Flügel anschliesst und die Richtung von Süd nach Nord verfolgt, war um diese Zeit noch nicht vollendet und deshalb durch eine Zwischenwand von dem bereits belegten Theile abgeschlossen.

Nach und nach wurden sämmtliche Zellen des vordern Flügels besetzt, so dass die Zahl der Isolirten bis auf 48 gebracht wurde und am 2. Februar 1864 konnte auch die Zwischenwand niedergerissen und mit Belegung des Hauptgebäudes begonnen werden.

Am 24. September 1864 war zum ersten Male das Haus vollständig besetzt.

Das vordere Gebäude ist mit dem vollendeten neuen Hause in der Art verbunden, dass dadurch drei gleich grosse Flügel

entstehen, von denen jeder dreimal Zellen übereinander enthält, so dass wir Parterre, erste und zweite Etage unterscheiden. In jedem Flügel und in jeder Etage liegen gleichviel
bewohnbare Zellen, nämlich 48 und ausserdem hat jede Etage noch
2 Reserve- oder Vorrathsräume.

Von den Zellen wird eine im Parterre als Aufseherwachstube,
eine in der ersten Etage als Expedition des Direktors und eine
Doppelzelle in der 2. Etage als Expedition des Inspectors verwendet. Es verbleiben demnach zur Belegung im ganzen Hause
140 Zellen. Was die Zellen selbst anlangt, so findet in der Form
und Grösse zwischen denen im älteren Flügel und denen im
neuen Gebäude eine Verschiedenheit statt.

Im alten Flügel beträgt die Länge $9^7/_{12}$ Fuss, die Breite $9^1/_{12}$
Fuss und die Höhe 10 Fuss. Der kubische Inhalt beträgt demnach
870,$_{46}$ Fuss.

Im neuen Gebäude hingegen ist die Länge $14^1/_{12}$ Fuss, die
Breite $7^5/_{12}$ Fuss und die Höhe $11^1/_{12}$ Fuss. Hiernach der
kubische Inhalt 1157,$_{67}$ Fuss. In einer Höhe von $6^5/_{12}$ Fuss
vom Boden befindet sich in jeder Zelle das Fenster von 4
Fuss Breite und $1^5/_6$ Fuss Höhe und giebt ausreichendes Licht.
Jedes Fenster enthält in zwei übereinander liegenden Reihen
14 Scheiben, welche in eisernen Rahmen gefasst sind. Diese Einrichtung ist ausserordentlich zweckmässig, da sie die Vergitterung
unnöthig macht und so dem Fenster den beengenden Charakter
nimmt, den die Gefängnissfenster alter Construktion haben.

Die mittelste Scheibe der oberen Reihe kann geöffnet und durch
die Führungsstange gestellt werden. Dieses ist nach den gemachten
Erfahrungen etwas zu wenig. Eine Veränderung, bezichentlich Ver-
besserung vorzuschlagen, dürfte aber nach der einmal getroffenen
Einrichtung sehr schwierig sein und nur mit grossen Kosten ausgeführt werden können.

An der Thürseite jeder Zelle befindet sich in der einen Ecke
nahe der Decke eine mit Eisenflügeln zu stellende Ventilations-
öffnung. So klein und unbedeutend diese zu sein scheint, hat sie
doch ihre beträchtliche Wirkung, wie auf den Bodenräumen an den
Ausmündungsstellen der Ventilationskanäle am besten wahrzunehmen
ist. Die wirksamste Ventilation lässt sich aber herstellen durch
Oeffnung der Thürklappen, was wegen der Schärfe des Zuges nur
auf kurze Zeit und in Rücksicht auf die Isolirung selbstverständlich
in einem Flügel nur auf einer Seite gleichzeitig geschehen kann.

Durch aufmerksame und ausgiebige Benutzung der Ventilations-
vorrichtungen ist es gelungen, nicht blos eine gute, gesunde Luft
in die Zellen zu schaffen, die auch vor dem Urtheile dessen besteht, welcher nicht an die Gefängnissluft gewöhnt ist, sondern
auch selbst in den heissesten Sommermonaten die Temperatur er-
träglich zu machen.

Das Meublement ist in allen Zellen gleich. Der in der
Wand befestigte Klapptisch erweist sich als überaus praktisch.
Wollte man auf der unteren Seite eine schwarze Tafel zum Schreiben
anbringen, so wäre dies unnütze und unpraktische Spielerei. Zum
Sitzen haben wir entweder dreibeinige Schemel oder Stühle
mit kurzen Lehnen. Die Möglichkeit, je nach disciplinellem oder
physischem Bedürfnisse das Eine oder das Andre geben zu können,
ist für die Verwaltung höchst angenehm und erscheint geradezu
als geboten.

Die in der Wand befestigten eisernen Klappbettstellen
haben sich als vollkommen zweckentsprechend erwiesen und sind
den Hängematten bei weitem vorzuziehen. Nicht blos, dass das
Lager auf denselben ein unbequemes und von der Art ist, dass
der Körper nicht völlig ausruhen kann; es kommen auch viel eher
und öfter Reparaturen vor, als an jenen Lagerstätten.

Die Strohmatratzen, welche doch von Eröffnung des
Hauses bis auf den heutigen Tag fast in ununterbrochenem Ge-
brauche gewesen sind, haben noch keiner Reparatur bedurft.

Die Kopfkissen sind etwas klein und niedrig und werden
unscheinlich durch die Fettigkeit des Kopfhaares bei den Gefangenen. Die ganze Lagerstätte mit dem Leintuch, der eingenähten
einfachen oder doppelten Lagerdecke, erscheint, da alle Stücke
vorschriftsmässig geordnet sind, immer sauber und macht einen
guten Eindruck.

Für Kleider und Bücher ist an der Wand ein offenes Fach
angebracht, in welchem die erwähnten Dinge in gesetzmässiger
Ordnung aufgeschichtet sind.

Man könnte nebenbei ein zweites mit Thüre versehenes Fach wünschen, in welchem der Wasserkrug, Kehrichtschaufel, Kehrbesen, Putz-
zeug etc. untergebracht sind. Allein es hat diese Einrichtung auch ihre
Bedenken, da auf diese Art Verstecke und — Schmuzwinkel gebildet
werden. Grössere Sauberkeit wird bei offenen Fächern erzielt.
Neben dem vollständigen Anzuge und den nöthigen Wäschstücken
befinden sich im Fache 1 Neues Testament, 1 Gesangbuch,

1 Katechismus, 1 Gesetzbuch und das Arbeitsbuch des Gefangenen. Abweichungen treten je nach den Confessionen ein.

Auf dem Fache befindet sich der zinnerne Speisenapf mit Zubehör, die Lampe und das Wasserglas.

Den Speisenapf jedem Gefangenen in die Zelle zu geben, hat sich als eine Maassregel erwiesen, welche überaus vortheilhaft wirkt. Seit dieser Zeit verwenden die Isolirten eine solche Aufmerksamkeit auf ihr Essgeräth, dass dasselbe nicht blos beim Besuch der Zelle einen freundlichen Anblick gewährt, sondern auf das Wohlsein des Gefangenen von ganz entschieden gutem Einflusse ist. Die aufgewendete Mühe und Sauberkeit kommt ja ihm selbst zu Gute.

Aehnliche Erfahrungen sind hinsichtlich der Trinkgläser gemacht worden, die Manchem, selbst Fachleuten, bedenklich erscheinen wollen. Die Mehrzahl der Isolirten fühlt sich schon durch den Anblick des Glases angenehm berührt, kommt sich nicht so sehr aller Häuslichkeit entkleidet vor, als wenn dasselbe fehlt. Was aber die Befürchtung anlangt, dass mit dem Glase dem Gefangenen eine gefährliche Waffe in die Hand gegeben sei, so ist diese völlig unbegründet. Der Thonkrug oder der Zinnbecher ist in der Hand eines wüthenden Menschen ebenso bedenklich, wie das Glas.

Zu den nothwendigen Requisiten einer Zelle gehört ferner noch das Closet und der Spucknapf.

Das Closet, wie es nach der nur bei uns üblichen Weise construirt ist, hat mit seinem doppelten Wasserverschlusse sich insofern als zweckdienlich erwiesen, als die Beseitigung der Excremente auf geruchlose Art erfolgen kann. Nothwendig ist freilich, dass die Closets von Seiten der Aufsichtsbeamten unausgesetzt im Auge behalten werden.

Seitdem die einzusetzenden Kübel nicht mehr von Steinzeug, sondern von Zink gefertigt werden, sind auch nicht so oft Erneuerungen derselben nöthig. Wünschenswerth, ja in den Sommermonaten sogar nothwendig, ist, dass selbst die Kübel der Watercloset desinficirt werden, was nach den hierorts gesammelten Erfahrungen erfolgreich und unschädlich nur durch Chlorkalk erfolgen kann.

Die Verbindung des Waschbeckens mit dem Deckel des Closets vereinfacht zwar das Mobiliar und giebt für die Sauberkeit einen vorzüglichen Anhalt; allein für vollständige Waschungen sind diese Becken etwas zu klein und es scheint auch, als ob die

Reparaturen an den Closets durch diese Verbindung vermehrt
würden.

Die Spucknäpfe sind bei uns von Thon und deshalb viel
besser als hölzerne. Was die Füllung derselben anlangt, so muss
ich mich, nach den gemachten Beobachtungen, gegen die von Sand
oder Sägespähnen und für die mit frischem Wasser entschieden
aussprechen. Nicht blos, dass dadurch die Reinlichkeit und Sauberkeit viel mehr gefördert wird, weil sie täglich nach Bedürfniss
mehrmal gereinigt werden können; es ist auch für die Luft bei
der Eigenthümlichkeit unsrer Heizung die Aufstellung von frischem
Wasser von grossem Vortheile.

Die thönernen grösseren Wasserkrüge erhalten das Wasser
frisch und lassen sich gut reinigen, sind auch von zureichender
Grösse.

Die Klingelzüge, durch welche die Gefangenen anzeigen,
ob sie Arbeit, oder in besonderen Fällen einer Hülfe bedürfen,
sind in der bei uns üblichen Form ganz zweckmässig.

Der in der Zelle befindliche Griff fordert die Sauberkeit her-
aus. Der einfache aber durchdringende Ton der Schelle kann
nicht überhört werden und die aussen an der Thür beim Zuge
herausfallende Klappe markirt die Zelle, für welche die Hülfe des
Aufsehers nothwendig erscheint.

Der über der Schelle schwingende Pendel, welcher dem Aufseher die Richtung, die Seite bezeichnen soll, auf der das Klingeln
erfolgte, erscheint überflüssig. Der aufmerksame Aufseher braucht
ihn nicht und der unaufmerksame sieht ihn nicht.

Die Beleuchtung der Zellen erfolgt durch Oellampen.
Nach den hierorts gemachten Erfahrungen hat dieselbe ausserordentlich viel Nachtheile. Zunächst ist die Beleuchtung des
Raumes höchst mangelhaft und zu den meisten Arbeiten, welche
in der Zelle ausgeführt werden müssen, geradezu ungenügend und
den Augen nachtheilig. Eine gute Beleuchtung der Arbeitsräume
ist heut zu Tage kein Luxus, sondern eine wirthschaftliche Er-
sparniss. Ferner ist die Verschlechterung der Luft, welche durch
den Oelrauch nothwendig herbeigeführt wird, in einem so beschränkten Raume beschwerlich und weil darauf der Gefangene in
demselben Raume auch schlafen muss, der Gesundheit keinesfalls
zuträglich. Dazu kommt, dass der Rauch sich so dicht an den
Wänden niederschlägt und dieselben so verrusst, dass alljährlich
das Weissen derselben nothwendig wird. Ausserdem sind diese

2

Oellampen ein arges Hinderniss der Reinlichkeit. Oelflecken an den Kleidern, den Büchern, den Zellenutensilien, der Wäsche etc. sind nicht zu vermeiden. Auch ist die Verschwendung des Oeles als Toilettengegenstand gar nicht zu verhindern.

Der Gefangene fettet damit das Kopfhaar und beschmuzt dann die Lagerstätte, die Wand an der Kopfseite des Bettes, so dass mit Strafen gar nicht aufgehört werden könnte, wenn jede derartige Uebertretung geahndet werden sollte.

Endlich sind die Lampen nach Construktion und Zweckmässigkeit das Allerbedenklichste.

Lampen von solcher Construktion, wie sie sonst üblich sind, können in den Zellen nicht gebraucht werden, aus Gründen, deren Auseinandersetzung wenigstens für die vorliegenden Zwecke zu weit führen würde. Es war deshalb nöthig, eine eigne Construktion erst herzustellen. Ist nun diese auch nach den gegebenen Verhältnissen als möglichst vollkommen zu bezeichnen, so lässt sie doch noch Manches zu wünschen übrig. Das Beste wäre jedenfalls Gas, was um so leichter in die Zellen eingeführt werden könnte, da die Corridore sämmtlich durch Gas erleuchtet werden. In transportabeln Leuchtern, welche durch Gummischläuche mit dem Rohre in Verbindung stehen, könnte das Licht mit Vortheil zu jeder Arbeit verwendet, die Verbrennung durch die Verwaltung genau geregelt und durch die leicht anzubringende Vorrichtung, dass das Gas vom Corridor aus abgeschlossen werden könnte, Missbrauch und Unglück verhütet werden.

Allerdings ist der Mehraufwand ganz bedeutend und mag wohl gegen die Einführung gerechtes Bedenken erregen.

Seit Eröffnung des Gebäudes bis den 31. December 1866 sind verbrannt worden 70½ Centner Oel. Den Centner zu 14⅜ Thlr. gerechnet, macht einen Aufwand von 1039⅞ Thlr. Nach den angestellten genauen Erörterungen kostet die Unterhaltung einer Flamme, wie sie unsre Zellenlampen geben, pro Stunde ⅔ Pf. an Oel. Bei Gasbeleuchtung unter Anwendung von Lochbrennern und dem Preise von 1 Thlr. 22½ Ngr. pro 1000 Kubikfuss Gas würde die Unterhaltung einer solchen Flamme auf 2—2½ Pf. pro Stunde kommen. Ob aber die Vortheile solcher Beleuchtung nicht doch am Ende die Differenz ausgleichen, ist eine Frage, welche wohl der Erörterung werth wäre.

Die Heizung des Gebäudes in der kalten Jahreszeit wird

bewerkstelligt durch die im Souterrain angebrachte Warmwasserheizung, von welcher aus die Rohrleitungen durchs ganze Haus
in alle Etagen gehen.

Drei doppelte Kessel liefern das heisse Wasser, welches zur
Heizung des Gebäudes nothwendig ist, und jeder von ihnen hat
einen besondern Feuerheerd.

Die Einrichtung ist so getroffen, dass alle 3 Kessel zu gleicher
Zeit geheizt, aber auch jeder einzelne von ihnen ausser Wirksamkeit gesetzt werden kann, ohne dass dadurch die Erwärmung des
Gebäudes beeinträchtigt würde. Das ist sehr wichtig bei etwa
vorkommenden Reparaturen.

Mittelst besonderer Ventile ist es möglich, je nach dem vorliegenden Bedürfnisse einen oder den andern Flügel abzustellen,
d. h. ihn ungeheizt zu lassen, ohne dass die übrigen Zellen genirt
werden. Auch das ist ausführbar, allerdings blos von oben nach
unten, eine ganze Etage ausser Thätigkeit zu setzen. Ebenso ist
es möglich, dem einen Flügel je nach Bedürfniss etwas mehr
Wärme zuzuführen, als den andern.

Bei alledem ist die Handhabung des ganzen Mechanismus so
einfach, dass es nicht viel Zeit erfordert, einen Unkundigen damit
vertraut zu machen.

Die Haupterfordernisse für eine gedeihliche Benutzung des
Apparats sind: sorgsame Beachtung und Pflege des Feuers; aufmerksame Behandlung des Wassers, damit eines Theils stets die
gehörige Menge vorhanden ist und die Qualität desselben dem
Apparate nichts schade. Endlich ist nöthig die grösste Sauberkeit
im Allgemeinen, speciell in Rücksicht auf die angebrachten Ventile.
Eine Gefahr bezüglich etwaiger Explosion liegt gar nicht vor,
sobald dafür gesorgt wird, dass die gehörige Menge Wasser vorhanden ist.

Verbrannt worden sind seit dem 31. October 1863 bis letzten
December 1866:

Steinkohlen 2499 Scheffel, à Scheffel 8 Ngr.,
Briquets   1048 Stück, à 100 Stück 10 Ngr.,
Holz   249 Reff, à Reff 31 Pf., 249 Reff = 9,9 Klafter.

Daraus ergiebt sich ein Heizungsaufwand:

Steinkohlen . . 666 Thlr. 12 Ngr.,
Briquets . . . 3 „ 15 „
Holz . . . . . 25 „ 22 „ (21 Ngr. 9 Pf.)

Summa 695 Thlr. 19 Ngr.

Damit sind geheizt worden in dem eben angegebenen Zeitraume an 732 Tagen, jeden Tag 144 Zellen, 3 Vorrathsräume und 3 Appartements = 150 Räume.

Demnach beträgt der Heizungsaufwand für je einen Raum pro Tag 1,9 Pf.

Dafür wird erzeugt eine Temperatur von 15—16° Reaumur, sowohl bei Tage, als auch für den grössten Theil der Nacht.

Dabei ist aber nicht gerechnet, dass die das Haus von unten bis zum Dache trennenden Corridore ebenfalls mit erwärmt werden, und zwar so, dass daselbst die Temperatur auch an den kältesten Tagen zwischen 6—7 Grad Wärme zeigt.

Nicht mit gerechnet ist auch die vollständige Heizung des Souterrains, namentlich des ganzen Badezimmers, sowie des Raumes, in dem sich der Gaszähler befindet. Selbst die Luft auf dem Oberboden wird merklich erwärmt durch die daselbst befindlichen 3 Reservoire, welche die Kessel speisen und selbst wieder durch eine im Souterrain befindliche Pumpe gespeist werden.

Aus dem Gesagten ergiebt sich, dass unsre Warmwasserheizung eine ganz vorzügliche Einrichtung ist.

Die Temperatur differirt zwischen Parterre und 1ster Etage um 1 höchstens 2° R. Die Differenz derselben zwischen 1ster und 2ter Etage ist = 0. Die Temperatur differirt in der Regel ein wenig zwischen dem alten Flügel und dem neuen Gebäude. Dies hat seinen Grund darin, dass dort Rohre von 12 Zoll äusserer Stärke liegen, während die Rohre des neuen Gebäudes 17 Zoll stark sind. Die Zellen des alten Flügels haben deshalb nur eine Heizfläche von 9,08 Quadratfuss, während die der neuen Flügel 10,5 Quadratfuss Heizfläche besitzen.

Es wäre jedenfalls von Vortheil, wenn bei etwa vorkommender Reparatur, die sich freilich weit hinausstrecken wird, ehe sie eintritt, darauf Bedacht genommen würde, wenigstens das Parterre des alten Flügels mit weiten 17zölligen Leitungsrohren zu versehen.

Einen Mangel haben diese Rohrleitungen durch die Isolirungszellen aber doch. Die Rohre leiten nicht blos die Wärme vortrefflich, sondern auch den Schall. Das geringste Geräusch auf dem Rohre, hervorgebracht durch klopfen, wetzen, kratzen etc. pflanzt sich fort durch alle Zellen, welche diese Rohrleitung trifft. Dies ist jedoch nicht bedenklich, da die Beamtenzellen ja dieselben Rohre haben und das Geräusch dort auch gehört wird. Allein auch ein leise auf das Rohr gesprochenes Wort kann in der

Nebenzelle ganz gut verstanden werden, ohne dass es von aussen
hörbar wäre. Dadurch ist eine Verständigung der Nachbarn möglich, jedoch nicht gefährlich, da eine absolute Isolirung unmöglich,
aber auch unnöthig ist. Die Leitungsrohre schliessen aber auch
in und mit der Wand nicht völlig ab, da sie Raum haben müssen,
wenn sie bei der Erwärmung sich ausdehnen. Dass durch diesen
winzigen Raum Papier gesteckt und so schriftliche Correspondenz
gepflogen werden kann, ist möglich, kommt aber sehr selten vor
und kann bei tüchtigen Aufsehern wohl verhindert werden, da viel
Zeit dazu gehört.

Die Luft ist bei dieser Art der Heizung jederzeit gut geblieben und hat der Unterzeichnete aus eigner Erfahrung sich überzeugt, dass sie der Gesundheit durchaus nicht nachtheilig ist. Auffallend ist, dass während man bei gewöhnlicher Ofenheizung bei
17° R. erst sich behaglich fühlt, man bei der Warmwasserheizung
eine solche Temperatur geradezu unerträglich finden würde.

Für das Bad ist noch ein besondrer Kessel vorhanden, welcher
aber mit den übrigen in gewisser Verbindung steht.

Das Tageslicht fällt in die hohen Corridore zunächst durch
drei grosse Fenster, welche in jedem Giebel von oben bis auf
die Hausthüren herabreichen, sowie durch vier Oberlichtfenster.

Die Helligkeit ist völlig genügend.

Wünschenswerth wäre, was die Giebelfenster betrifft, dass
mehr kleine Flügel geöffnet werden könnten und dass die Scheiben
in den beiden Fenstern des neuen Gebäudes, welche nach der
Stadt zugewendet sind und deshalb, wenn des Abends die Corridore beleuchtet sind, von aussen einen Einblick in das Haus gestatten, von mattem oder geripptem Glase wären.

Auch hier, sowie bei den Oberlichtern, sind die Rahmen von
Eisen. Die Oberlichter namentlich bieten durch die leicht zu öff-
nenden Flügel vorzügliche Ventilationsmittel. Es könnte aber auch
hier deren Anzahl grösser sein. Indess kann man sich helfen, da
die Scheiben blos eingelegt sind, und leicht herauszunehmen gehen.

Die eisernen Gallerien und Verbindungsbrücken haben
sich als sehr praktisch gezeigt, nur wird vielleicht eine Erneuerung
des Oelfarbenanstriches darauf später nöthig werden, da dieser
sich an den Spitzen der Narben sehr abgelaufen hat und dadurch
ein rostähnlicher Schein sich über die Fläche verbreitet, der, wenn
er auch vielleicht nichts schadet, was ich nicht zu entscheiden
vermag, doch wenigstens schlecht aussieht.

Schliesslich kann ich eine Bemerkung nicht unterdrücken, die sich auf die Stellung des Gebäudes bezieht. Wie schon erwähnt, hat dasselbe seine grösste Ausdehnung im sogenannten neuen Flügel von Süd nach Nord und nur der alte Theil verfolgt die Richtung von Ost nach West.

Auf Grund meiner Erfahrungen möchte ich behaupten, dass es nicht wohlgethan sei, ein Gebäude, was zu Zellen hergerichtet werden soll, in der Richtung von Ost nach West zu stellen. Die Zellen der Nordseite sind auffallend dunkler und halten sich Jahr aus Jahr ein empfindlich kühl, während die nach Süd gelegenen gerade vom Gegentheile zu leiden haben. Die zweckmässigste Lage eines solchen Gebäudes ist die, wie sie der neue Flügel hat, von Süd nach Nord.

Wird nun diese auch nicht immer einzuhalten sein, so werden die Hauptnachtheile der vorerwähnten Richtung jedenfalls wesentlich abgeschwächt, wenn auch nicht ganz vermieden, sobald man die Richtung von Nordost nach Südwest oder von Südost nach Nordwest wählt.

Dass, wenn irgend thunlich, da, wo die Flügel sich treffen, die der Ecke zunächst liegenden Räume nicht zu Zellen verwendet werden, ist wegen der überaus schwierigen Controle über gegenseitige Correspondenz der betreffenden Bewohner, sehr wünschenswerth. Bei uns ist es jedoch nicht ausführbar, dass die Eckzellen unbelegt gelassen werden könnten, da die Zellen zu nöthig gebraucht werden.

Eine Einrichtung aber, welche nicht dankbar genug anerkannt werden kann und auch fast von allen Isolirten als eine besondere Wohlthat empfunden wird, ist die, dass die Königliche Anstalts-Direktion gestattet hat, um das Zellengebäude herum hübsche Gartenanlagen zu machen. Vor und rechts und links vom alten Flügel sind freundliche Rasenplätze, Blumenbeete, Ziersträucher, herrliche Bäume, zwischen denen die Gefangenen sich täglich im Freien bewegen.

Je enger der Raum ist, in dem der Mensch den grössten Theil des Tages eingeschlossen; je düstrer die Stimmung ist, in der das Gemüth sich befindet; je schmerzlicher der Verlust der Freiheit und vieler andern Erdengüter ist, desto wohlthuender wirkt die Natur in ihrem Werden, oder Vergehen. Der Fleiss, welcher auf die Pflege dieser Anlagen verwendet wird, belohnt sich reichlich an den Gefangenen.

Hinter dem neuen Flügel befinden sich ebenfalls schöne grüne Rasenplätze, zwischen denen ein Reck und ein Barren aufgestellt sind, an denen unter Aufsicht diejenigen von den Isolirten, welche sich dieser Auszeichnung würdig gemacht haben oder aus Gesundheitsrücksichten es bedürfen, auf ärztliche Anordnung einzelne besonders bestimmte Leibesübungen vornehmen.

Nur zuletzt, der Vollständigkeit halber, will ich die im nordöstlichen Winkel zwischen dem alten und neuen Flügel gelegene Sekretgrube erwähnen. Sie wird eben thatsächlich nicht benutzt und kann ich mich deshalb füglich eines Urtheiles über dieselbe enthalten.

Von der Aussenwelt sind Haus und Spazierhöfe durch hohe Mauern geschieden.

II. Die Bewohner.

Die Bewohner der Zellen gehören zu den Detinirten der Strafanstalt Zwickau und sind entweder sofort bei ihrer Einlieferung der Zelle zugetheilt, oder nachdem sie erst kürzere oder längere Zeit in der Collektivhaft gewesen sind, in die Zelle versetzt worden.

Der Zelle zugetheilt werden in der Regel

1) die, von denen man fürchtet, dass sie entweder für schlechte Beispiele oder Worte sehr empfänglich sind, oder wenigstens nicht die ausreichende Kraft haben, denselben den rechten Widerstand entgegen zu stellen; kurz also solche, welche man noch nicht für vollendet in der Sünde hält und nicht wünscht, dass sie verschlechtert werden;

2) die, von denen man hofft, dass die Einsamkeit sie zwinge, die Verderbtheit ihres inwendigen Menschen zu erkennen, nachdem viele andre Mittel erfolglos geblieben sind;

3) die, welche man für gemeingefährlich hält;

4) die, über deren geistigen und sittlichen Zustand man nicht sofort völlige Klarheit erlangen kann;

5) die, welche wegen körperlicher oder geistiger Gebrechen der Neckerei und dem Spotte Andrer ausgesetzt sein würden;

6) die, welche nur eine kurze Strafzeit zu verbüssen haben und in der Freiheit in solchen Verhältnissen gelebt haben, welche ihnen das Leben in der Collektivhaft gar nicht als Strafe erscheinen liesse;

7) die, deren frühere Lebensstellung solcher Art war, dass ihnen das Zusammenleben mit so verschiedenen Elementen als eine ungerechtfertigte Verschärfung der Strafe erscheinen müsste. Eine Versetzung aus der Collektivhaft in die Isolirhaft erfolgt entweder aus disciplinellen, pädagogischen oder psychologischen Gründen. Eine Auswahl unter den Sträflingen in Rücksicht darauf, ob sie wegen körperlicher und geistiger Beschaffenheit für die Zellenhaft tauglich sind, wie man sie anderwärts für gut findet, hat bei uns nicht stattgefunden.

Nach unserm Dafürhalten kommt es nicht darauf an, zu entscheiden, ob die Gefangenen für die Zellenhaft tauglich sind, sondern vielmehr darauf, ob die Zellenhaft für die Gefangenen tauglich ist.

Vom 3. October 1863 bis letzten December 1866 haben
sich im Zellenhause befunden in Summa   666
Sofort nach der Einlieferung wurden zugetheilt   639
Aus der Collektivhaft in die Zelle versetzt .   27
                                          S. p. s.

Von diesen sind abgegangen und zwar:
a) nach völlig verbüsster Strafe   394
b) nach erlangter theilweiser Begnadigung   29
c) durch Versetzung in die Collektivhaft .   88
d) durch Versetzung zu Aussenstation . .   13
e) durch Tod   4
                                    Sa.   528
Mithin Bestand am 31. December 1866   138

Nach den Kreisdirektionsbezirken geschieden ergeben sich:
für den Bautzner   89
 „   „   Leipziger   148
 „   „   Dresdner   172
 „   „   Zwickauer   217
Aus Sachsen überhaupt sonach   626
Nichtsachsen waren isolirt   40
                                    Sa.   666

Was die Confessionen anlangt, so befanden sich darunter
Lutherische   644
Katholische   17
Mosaische   5
                                    Sa.   666

Nach den Schulkenntnissen waren die Gefangenen zu theilen
in solche mit guten Schulkenntnissen . . . 26

„ „ „ mittelmässigen Schulkenntnissen 93

„ „ „ mangelhaften „ . 547

Sa. 666

Rücksichtlich der Erwerbsfähigkeit nach ärztlichem Urtheile
waren isolirt

a) Arbeitstüchtige 195
b) Arbeitsfähige 290
c) beschränkt Arbeitsfähige 181

Sa. 666

Nach dem Lebensalter betrachtet befanden sich unter den
Isolirten

bis zum Alter von 20 Jahren 125

„ „ „ „ 30 „ 347

„ „ „ „ 40 „ 140

„ „ „ „ 50 „ 46

„ „ „ „ 60 „ 7

„ „ „ „ 70 „ 1

Sa. 666

Fasst man die Dauer der zuerkannten Strafe ins Auge, so
ergiebt sich Folgendes:

Eine Strafdauer von Monaten nur hatten . 439

„ „ „ 1— 3 Jahren hatten . 175

„ „ „ 3— 5 „ „ . 39

„ „ „ 5—10 und mehr Jahren 13

Sa. 666

Achtet man auf die Verbrechen, um deretwillen die Isolirten
eingeliefert worden waren, so ergiebt sich:

	Von den Entlassenen	Von dem Bestande	Summa.
Diebstahl	324	81	405
Raubanfall	2	1	3
Verbindung zu gewerbmässigem Stehlen . .	1	1	2
Entfremdung	2	–	2
Unterschlagung	40	11	51
Betrug	91	26	117
Latus	460	120	580

	Von den Entlassenen.	Von dem Bestande.	Summa.
Transport	460	120	580
Falschmünzen	4	1	5
Fälschung	1	—	1
Meineid	3	—	3
Nöthigung	1	4	5
Bedrohung	2	—	2
Erpressung	1	1	2
Raufhandel	—	1	1
Gewaltsame Befreiung	4	1	5
Mordversuch	1	1	2
Tödtung	1	—	1
Körperverletzung	6	2	8
Widersetzlichkeit	12	2	14
Thatsächliche Angriffe auf die Schamhaftigkeit	4	—	4
Gewerbmässige Beförderung der Unzucht	1	—	1
Unzucht	7	1	8
Nothzucht	4	1	5
Widernatürliche Unzucht	2	—	2
Verleitung zur Doppelehe	1	—	1
Desertion	8	1	9
Brandstiftung	2	2	4
Vorsätzliche Beschädigung der Eisenbahn	1	—	1
Böswilliger Bankrott	1	—	1
Winkelschriftstellerei	1	—	1
Summa	528	138	666

Von diesen Detinirten sind isolirt gewesen und zwar auf die Dauer

von 1 bis mit 6 Monat	303	80	383
„ 6 bis nahe an 12 Monat	104	34	138
„ 1 Jahr und darüber	121	24	145
Summa	528	138	666

Uebersicht der Isolirten

bezüglich der früheren Lebensstellung und des daraus resultirenden
Grades von Selbstständigkeit.

Laufende No.	Stand.	Herr oder Meister.	Geselle oder Gehilfe.	Lehrling.	Hilfs-arbeiter.	Summa.
1	Bäcker	1	5	—	—	6
2	Bahnbeamter	—	—	—	1	1
3	Barbier	—	1	—	—	1
4	Bergarbeiter	—	—	—	8	8
5	Beutler	2	—	—	—	2
6	Böttcher	—	—	1	—	1
7	Brauer	1	1	—	—	2
8	Buchbinder	1	2	1	—	4
9	Cigarrenmacher	—	—	—	18	18
10	Conditor	—	1	—	—	1
11	Dienstbote	—	—	—	76	76
12	Drechsler	2	1	—	—	3
13	Drucker	—	—	—	1	1
14	Eisengiesser	—	—	—	1	1
15	Essenkehrer	1	5	1	—	7
16	Fabrikarbeiter	—	—	—	6	6
17	Feilenhauer	—	—	1	—	1
18	Fleischer	1	9	2	—	12
19	Förster	1	1	—	—	2
20	Friseur	—	2	—	—	2
21	Geometer	—	—	—	1	1
22	Glaser	1	—	1	—	2
23	Goldarbeiter	2	1	—	—	3
24	Gürtler	2	1	—	—	3
25	Gymnasiast	—	—	1	—	1
26	Handarbeiter	—	—	—	121	121
27	Handelsmann	10	—	—	—	10
28	Hammerschmied	—	—	—	1	1
29	Holzpantoffelmacher . . .	1	—	—	—	1
30	Jurist	4	—	—	—	4
31	Kammmacher	1	—	—	—	1
	Latus	31	30	8	234	303

Laufende No.	Stand.	Herr oder Meister.	Geselle oder Gehilfe.	Lehrling.	Hilfsarbeiter.	Summa.
	Transport	31	30	8	234	303
32	Kattundrucker	—	—	—	1	1
33	Kaufmann	10	16	3	—	29
34	Kellner	—	—	—	12	12
35	Klempner	—	1	2	—	3
36	Knopfmacher	1	—	—	—	1
37	Korbmacher	—	4	1	—	5
38	Lehrer	1	—	—	—	1
39	Markthelfer	—	—	—	16	16
40	Maschinenbauer	1	—	—	—	1
41	Maurer	2	12	4	—	18
42	Müller	2	8	—	—	10
43	Musikus	—	—	—	2	2
44	Nadler	—	—	1	—	1
45	Oekonom	2	—	—	—	2
46	Photograph	1	—	—	—	1
47	Porcellandreher	—	—	—	1	1
48	Posamentirer	1	—	—	—	1
49	Postbeamter	—	—	—	4	4
50	Restaurateur	2	—	—	—	2
51	Sattler	2	1	—	—	3
52	Schauspieler	1	—	—	—	1
53	Schäfer	1	—	—	—	1
54	Schieferdecker	1	—	—	—	1
55	Schiffer	2	—	—	—	2
56	Schlosser	3	4	1	—	8
57	Schmied	—	—	1	—	1
58	Schneider	5	8	8	—	21
59	Schreiber	—	—	—	33	33
60	Schriftgiesser	1	—	—	—	1
61	Schriftsetzer	1	1	—	—	2
62	Schriftsteller	1	—	—	—	1
63	Schuhmacher	9	9	1	—	19
64	Seiler	2	2	—	—	4
65	Seminarist	—	—	1	—	1
	Latus	83	96	31	303	513

Laufende No.	Stand.	Herr oder Meister.	Geselle oder Gehilfe.	Lehrling.	Hilfs- arbeiter.	Summa.
	Transport	83	96	31	303	513
66	Steindrucker	3	—	—	—	3
67	Steinmetz	1	—	—	—	1
68	Steinsetzer	3	—	—	—	3
69	Strumpfwirker	9	2	2	—	13
70	Stubenmaler	—	—	—	6	6
71	Tapezirer	1	1	—	—	2
72	Techniker	—	—	—	2	2
73	Tischler	—	13	4	—	17
74	Tuchmacher	3	4	—	—	7
75	Tuchscheerer	1	—	—	—	1
76	Tuchschuhmacher	1	1	—	—	2
77	Uhrmacher	—	1	—	—	1
78	Vergolder	1	—	—	—	1
79	Wagner	2	1	—	—	3
80	Weber	25	29	8	—	62
81	Ziegeldecker	10	—	—	—	10
82	Ziegelstreicher	3	—	—	—	3
83	Zeichner	1	—	—	—	1
84	Zeugschmied	—	1	—	—	1
85	Zimmermann	2	7	5	—	14
	Summa	149	156	50	311	666

Bemerkenswerth erscheint noch, dass von jenen 666 Mann 12 Armenhäusler, d. h. Bewohner von Bezirksarmenhäusern und 14 Mann vom Militär eingeliefert gewesen sind.

Zum ersten Male mit härterer Freiheitsstrafe, also Arbeitshaus oder Zuchthausstrafe belegt waren . . . 498

Rückfällige, d. h. bereits mit Arbeits- oder Zuchthaus bestrafte 168

Summa 666

Was die Disciplin anlangt, so ist zu bemerken, dass bis ult. December 1866 im Zellenhause an 119 Mann 191 Bestrafungen vorkamen.

	Mann.	Summa der Bestrafungen.
Zum 1. Male wurden bestraft . .	80	80
„ 2. „ „ „ . .	25	50
„ 3. „ „ „ . .	6	18
„ 4. „ „ „ . .	3	12
„ 5. „ „ „ . .	1	5
„ 6. „ „ „ . .	3	18
„ 8. „ „ „ . .	1	8

Also in Summa wurden bestraft . 119 Mann 191 Male.

Von diesen 191 Bestrafungen wurden zuerkannt:

1) Wegen Beschädigung des Anstaltseigenthums . 13
2) Wegen ungehörigen Verhaltens in und ausser der
   Zelle 77
3) Wegen Faulheit und Arbeitsscheu 30
4) Wegen Verschwendung beziehendlich Entwendung
   von Arbeitsmaterial 23
5) Wegen Kaupel und Beihilfe dazu 30
6) Wegen ungehörigen Betragens gegen Beamte . 17
7) Wegen Thierquälerei 1
                                   Summa 191

Die vorgenannten Vergehen wurden gebüsst durch folgende
Arten von Strafen:

                                        Mal
Hartes Lager 23
Entziehung der warmen Mittagskost 64
Entziehung der warmen Morgen-, Mittag- und
   Abendkost 55
Enger Arrest 17
Enger Arrest verschärft durch hartes Lager . . . 29
Zwangsjacke als vorübergehendes Bändigungsmittel 3
                                   Summa 191

Der Gesundheitszustand ist im Ganzen bei den Isolirten ein
recht erfreulicher gewesen. Die Uebersicht über die vorgekomme-
nen Erkrankungen ergiebt Folgendes:

	Kranke.	Krankentage.
Im Jahre 1863 hatten wir	5	45
„ „ 1864 „ „	23	276
„ „ 1865 „ „	34	204
„ „ 1866 „ „	48	312

Demnach in Summa . . 110 Kranke, 837 Krankentage.

Dabei darf nicht unerwähnt bleiben, dass im Jahre 1866 die Cholera in Zwickau und speciell in den dem Zellengebäude zunächst liegenden Stadttheilen auf das Heftigste wüthete. Es ist aber weder in der Anstalt überhaupt, noch insbesondere im Isolirhause eine Choleraerkrankung vorgekommen. Die eingetretenen Erkrankungsfälle waren, einige ältere und schwerere Leiden abgerechnet, nur leichtere, meistens rheumatische Zufälle, welche bald vorübergingen. Von denen, welche den Bestand des Zellenhauses bildeten, sind in dem ganzen Zeitabschnitte gestorben nur 4 Mann.

1) Sträfling G., gestorben am 11. Decbr. 1863 nach kurz vorher begonnener Detention. Er war Rechtskandidat, aber gänzlich heruntergekommen und erschien am ganzen Körper aufgedunsen, eine Folge des unmässigen Schnapstrinkens.

2) Sträfling F. K. W. K., Fleischergeselle, 17 7/12 Jahr alt. Wegen verschiedener einfacher und ausgezeichneter Diebstähle zu 1 Jahr 6 Monate Arbeitshausstrafe verurtheilt, war er am 31. März 1863 eingeliefert worden. Isolirt seit dem 3. October 1863, erkrankte er ernstlich im Juli 1864 und starb am 13. Oktober 1864. Er war der Onanie dringend verdächtig.

3) Sträfling C. A. M., ein 30 Jahre alter, bereits mit 1 mal Arbeitshaus- und 2 mal Zuchthausstrafe belegter, wegen Diebstahl zu 1 Jahr Arbeitshausstrafe verurtheilter Cigarrenmacher und Armenhausbewohner. Eingeliefert am 22. März 1864 und auch von dieser Zeit an isolirt, starb er am 20. Juni desselben Jahres an der Wassersucht.

4) Sträfling J. Ch. H., ein 59 7/12 Jahr alter Zimmergeselle und Zeugarbeiter, bereits 7 mal mit Gefängniss und 3 mal mit Zuchthaus bestraft, und neuerdings wegen Falschmünzerei zu 1 Jahr Arbeitshaus verurtheilt. Er war isolirt seit dem 11. August 1866 und starb am 23. November desselben Jahres.

In keinem der vorliegenden Fälle kann in der Zellenhaft eine Ursache des Todes gesucht und gefunden werden.

Von eigentlichen psychischen Krankheitserscheinungen ist in dem ganzen Zeitraume nur eine einzige vorgekommen und beobachtet worden.

Sträfling D. H. L., Handlungscommis, 23 7/12 Jahr, Jude, wegen Betrug zu 5 Jahr 6 Monate Arbeitshausstrafe verurtheilt und am 13. September 1864 eingeliefert, erwiess sich, nach ärztlichem Befunde, bei der Reception als mittelgross, kräftig gebaut, ziemlich gut genährt, von ziemlich kräftiger Muskulatur. Frühzeitig mit den raffinirten Genüssen der Grossstadt bekannt geworden, bemittelt, wohlgebildet und überall wohlgelitten, konnte er schon beim Eintritte ins Strafhaus sich über die Grösse seines Falles nicht hinwegsetzen, zumal durch denselben, wie es schien, ein unheilbares Zerwürfniss mit seiner Mutter herbeigeführt worden war. Die Folgen der früheren geschlechtlichen Excesse der verschiedensten Art, welche durch Onanie nur noch verstärkt wurden, mochten sich geltend machen. Er klagte nicht über Unwohlsein, war aber düster und in sich gekehrt und verweigerte schon im Oktober 1864 die Arbeit, die warme Kost, sowie die vom Arzte verordneten Medicamente, Der Zustand war von jetzt abwechselnd. Bald besserte, bald verschlimmerte es sich mit ihm, bis er im December 1864 der Krankenstation übergeben werden musste.

Die eingetretene Seelenstörung manifestirte sich als Tobsucht und Grössenwahnsinn, jedoch ohne Lähmungserscheinungen. Im August 1865 konnte er als gebessert bereits wieder ausgebettet werden und wurde nun der Collektivhaft zugetheilt. Ein Rückfall in die Geisteskrankheit hat nicht stattgefunden; allein es stellte sich Lungen-Tuberkulose ein, an der er auch am 29. Juni 1866 verstorben ist.

In dem ganzen Zeitraume ist auch nur ein Selbstmord vorgekommen, der aller Wahrscheinlichkeit nach nur ein Versuch und als solcher ein Schreck für den betreffenden Aufseher sein sollte.

Ebenso sind Fälle von Flucht nicht vorgekommen. Nur ein Versuch zur Entweichung ist gemacht worden, welcher aber sofort entdeckt und verhindert wurde. Der Verkehr der Isolirten mit den Angehörigen in der Heimath ist ein sehr lebendiger und reger gewesen; denn es sind von ihnen in der Zeit vom 3. Oktober 1863 bis 31. December 1866 1220 Briefe geschrieben worden.

Die Zahl der angekommenen Briefe übersteigt jedenfalls diese Zahl um ein Bedeutendes.

III. Die Arbeit.

Arbeit ist für die Zellen ein überaus wichtiges, aber auch ganz besonders schwieriges Capitel.

Es kommen so ausserordentlich viel Bedenken in Frage; es müssen so verschiedene, oft sich scheinbar widersprechende Anforderungen an dieselbe gestellt werden, dass man nicht selten in

Verlegenheit geräth, wie man nach allen Seiten den Ansprüchen gerecht werden soll.

In der Jetztzeit noch ihre Nothwendigkeit für die Isolirten beweisen wollen, müsste als ein überflüssiges Beginnen erscheinen. Ihre Bedeutung für die Zellenhaft nachzuweisen, wird später Gelegenheit sein.

Eine Arbeit für die Zelle darf nicht viel Geräusch verursachen, nicht grosse Apparate und viel Raum erfordern, nicht viel Staub, Feuchtigkeit, oder üble Ausdünstung erzeugen, nicht schwer zu erlernen sein, die Augen und die Brust nicht allzusehr anstrengen, nicht zu monoton und geisttödtend sein. Sie soll vielmehr den Geist anregen, dem Körper Gelegenheit bieten sich auszuarbeiten und sowohl für das Haus, als auch für den Arbeiter gewinnbringend sein.

Ohne Zweifel ist es schwer, eine Arbeit ausfindig zu machen, die alle oder doch die meisten der angeführten negativen und positiven Eigenschaften verbindet.

Nach meinen Erfahrungen kommt es nicht darauf an, die lohnendste Arbeit zu wählen, sondern die, welche dem Individuum und zwar nach seinen körperlichen und geistigen Interessen am meisten entspricht und dabei am geeignetsten erscheint, die erziehlichen Einwirkungen fördern zu helfen.

In dem hiesigen Isolirgebäude ist ein wichtiges Problem zu lösen versucht worden. Es galt die grösste Mannigfaltigkeit der Arbeiten zu schaffen, ohne dass die Bequemlichkeit geboten ist, den Betrieb auf eigne Rechnung übernehmen zu können, was anderwärts die überaus glänzenden Resultate herbeigeführt haben soll.

An Arbeiten wurde und wird betrieben:

1) Schneiderei, nur von denen ausgeführt, welche in der Freiheit damit wenigstens einen Anfang gemacht haben. Dies ist eine Arbeit, welche sich vorzüglich für die Zelle eignet und wobei viel und gut gearbeitet wird. Das einzige Hemmniss ist das Licht.

2) Hemdenflickerei, womit die Ausbesserung der Wäschinventarienstücke gemeint ist. Sie empfiehlt sich für ältere Leute, welche nicht Schneider von Profession sind, sondern nur ein wenig mit der Nadel umzugehen wissen.

3) Schuhmacherei für die, welche die Profession bereits können. Als Arbeit wohl geeignet für die Zelle, wiewohl selbst bei der peinlichsten Reinlichkeit der Geruch der Schusterei nicht ganz zu vermeiden ist.

4) Filzschuhmacherei, wohl geeignet für die, welche von dieser Arbeit Begriff haben.

5) Tuchschuhmacherei, gut qualificirt bei rechter Theilung der Arbeit, um dieselbe anlernen zu lassen, vorausgesetzt, dass dazu ein verständiger Werkmeister vorhanden ist. Käme es darauf an, eine rechte Fülle von Arbeiten aufzuführen, so könnten wir unterscheiden:

a) Sohlenpapper. Dazu ist jeder zu verwenden. Der beschränkteste Verstand begreift es. Reinlichkeit ist dabei nicht weit genug zu treiben, wegen des leicht durch Lumpen einzuführenden Ungeziefers und des Kleistergeruches, sowie wegen der Sohmiererei.

Hauptbedingung ist: Die zu verwendenden Lumpen müssen vor der Verarbeitung, ehe sie in die Zelle kommen, gereinigt, geschwefelt und zertrennt sein. Das Trocknen der Sohlen ist nie in der Zelle zu gestatten.

b) Oberzeugnäher. Diese haben eine saubere nette Arbeit.

c) Eigentliche Schuster.

d) Einfasser. Dazu eignen sich am besten junge, und schwächliche Leute.

6) Täschnerei. Eine der vorzüglichsten Beschäftigungen für die Zelle. Sie erfordert meist gelernte Leute. Beutler, Riemer, Sattler, Schneider und Schuhmacher können auch mit Nutzen verwendet werden. Theilung der Arbeit ist auch hier zu empfehlen und wo möglich die Verwendung der Nähmaschine für die Zelle zu berücksichtigen.

7) Tischlerei. Mag diese Arbeit auch anderwärts noch so sehr gerühmt werden, so bin ich doch durchaus nicht so sehr dafür eingenommen, ohne indessen ihre grossen Vorzüge in Abrede stellen zu wollen. Zunächst ist die Ausführung grosser Stücke in der Zelle sehr erschwert. Der Platz ist beschränkt und wird, da das Stück vor der Vollendung nicht jeden Abend aus der Zelle entfernt werden kann, dem Gefangenen viel von dem Luftraume entzogen. Dazu kommt, dass nicht blos eine Menge von Werkzeugen, sondern auch eine bedeutende Anzahl von gefährlichen Werkzeugen dem Isolirten anvertraut werden müssen. Rechnen wir noch hinzu die Bedenken, welche das Verabreichen von Licht für den Leim, der unangenehme Geruch, der Staub und das Geräusch erregen, so haben wir Grund genug, diese Arbeit wenigstens nicht als die beste Zellenarbeit zu empfehlen.

8) Holzstecherei. Jedenfalls eine der besten Arbeiten, welche dem Gefangenen in der Zelle gegeben werden kann; denn sie vereint so ziemlich die Eigenschaften, welche schon oben gefordert wurden. Hier würde nur darauf zu sehen sein, dass nicht zu grosse Stücke gegeben werden, weil diese den Athmungsraum beeinträchtigen.

Leider ist es sehr schwer, einen Unternehmer zu finden, der viel in diesem Artikel arbeiten lässt und somit eine grosse Anzahl Gefangene beschäftigt. Ohne Bestellung lässt sich aber nicht gut etwas ausführen, da die Formen und Muster meist gegeben sind.

9) Bürstenmacherei. Auch eine Beschäftigung, die sich recht wohl für die Zelle eignet, vorausgesetzt, dass die Hölzer besonders von einem Manne vorgerichtet und die Borsten von einem andern eingezogen werden. Zweckmässig wird es aber sein, nur die Fabrikation der ordinären Sorten betreiben zu lassen. Das Erlernen hat keine besondren Schwierigkeiten.

10) Buchbinderei. In gewisser Beschränkung für die Zelle gut anwendbar. Die einfachen Buchbinderarbeiten lassen sich ausführen. Für gewisse Beschäftigungen, wie das Planiren, Schlagen etc. fehlt der Platz. Die Erlernung in der Zelle hat ihre grossen Schwierigkeiten. Wichtig ist gute Lüftung solcher Zellen.

11) Haarflechterei. Hierher gehören einzelne Verrichtungen aus dem Friseurgeschäfte, wie das Tressiren, welche leicht zu erlernen und gut auszuführen sind. Es werden freilich immer nur eine geringe Anzahl Detinirter auf solche Art beschäftigt werden können. Der Geruch der Arbeit ist unangenehm. Die eigentliche Haarflechterei ist schwerer zu erlernen und als Modesache nicht sehr empfehlenswerth.

12) Portefeuillearbeiten. Aus dieser Branche lassen sich im Grunde nur Nebenarbeiten ausführen, da es nothwendig ist, dass bei Theilung der Arbeit sich die Arbeiter im buchstäblichen Sinne des Wortes in die Hände arbeiten.

In der Zelle kann betrieben werden das Heften, Taschenbrechen, Falzen, Deckenausreiben. Nur völlig ausgebildete Arbeiter können auch Ledertaschen bis zur Vollendung fertigen.

13) Gürtlerarbeiten. Wenn die rechte Art derselben ausgewählt und namentlich bestimmte Sorten in grossen Mengen fabricirt werden können, so eignen sich dergleichen Verrichtungen recht gut zu Zellenarbeiten. Es versteht sich, dass hier die Reinlichkeit ganz besonders beachtet werden muss.

3 *

14) **Weberei.** In den Zellen ist gewebt worden: Leinwand, Kattun, Zwillich, Kleiderstoffe der verschiedensten Art u. s. w. Weberei lässt sich in der Zelle von gelernten Webern mit Erfolg betreiben. Das Erlernen in der Zelle hat seine grossen Schwierigkeiten. Der Weber aus den echten Weberdörfern ist gewöhnt, sich mit wenig Platz zu begnügen und deshalb für ihn in der Zelle nicht besonders nachtheiliger Einfluss auf seine Gesundheit von seiner Arbeit zu verspüren. Gewiss ist, dass der Stuhl viel von dem ohnehin beschränkten Raume wegnimmt, dazu sind Staub und unangenehme Ausdünstung der Waare nicht zu vermeiden. Die Anwendung der kleinen eisernen Handwebstühle für die Zelle muss als völlig unzulässig bezeichnet werden. Einmal sind die Dimensionen nicht wesentlich kleinere, allein das Geräusch bei der Arbeit ist für einen so kleinen Raum geradezu unerträglich und die verursachte Erschütterung für's Gebäude entschieden nachtheilig.

15) **Cigarrenmacherei** ist für solche, die der Arbeit kundig sind, was die Qualität der Arbeit, sowie die Rentabilität derselben anlangt, mit Vortheil in der Zelle zu verwenden.

Bedenklich bleibt der starke Tabakgeruch, bei dem der Gefangene auch schlafen muss. Bedenklich sind die kleinen Maschinen, welche in neuerer Zeit zur Fertigung der Köpfchen verwendet werden, weil sie erfordern, dass dem Gefangenen unausgesetzt Licht gelassen werden muss.

Ihre Schattenseiten hat die Cigarrenmacherei auch wegen der Versuchung, die sie bietet zu rauchen und zu kaupeln. Trotz alledem muss sie als eine recht erwünschte Beschäftigung bezeichnet werden, freilich aus andern Gründen.

16) **Manillanäherei.** Das ist jedenfalls diejenige Arbeit, welche die meisten der oben geforderten Vorzüge einer Zellenarbeit vereinigt. Sie ist leicht zu erlernen, ohne grosse Apparate zu betreiben, ist reinlich, interessant, lohnend, kurz so, wie man sie wünschen muss.

17) **Manillawirkerei.** Für kräftige Leute ganz vorzüglich, nicht schwer zu erlernen, anregend, jedoch wegen der nöthigen Erschütterung nur in den Parterrezellen zu betreiben.

18) **Gorlnäherei.** Im Grunde genommen eine Frauenarbeit, bei uns aber mit gutem Erfolge als Männerarbeit verwendet. Sie hat so ziemlich alle Vorzüge der ad. 16 beschriebenen, nur greift sie die Augen etwas an, da sie meist in Schwarz und in Ver-

bindung mit Perlen ausgeführt wird. Sie erfordert sehr viel Fleiss und Accuratesse. Das Beste sind fortlaufende Muster; weniger empfehlenswerth einzelne Verzierungen.

19) **Fabrikation von Hemdenknöpfchen.** Diese Arbeit eignet sich für junge Leute ganz gut. Sie ist ohne besondre Schwierigkeiten zu erlernen, bedarf ausser Nadel und Scheere keiner Werkzeuge und erfordert Sauberkeit und Genauigkeit.

20) **Strumpfnähen.** Eine Arbeit, die sich zwar ganz gut in der Zelle ausführen lässt, aber nach meinen Erfahrungen zu den langweiligsten, mühsamsten und doch am geringsten lohnenden Arbeiten gehört, welche es giebt. Der Arbeiter hat nichts zu thun als die Maschen aufzuheben und vorschriftsmässig zu verbinden. Dazu gehören sehr gute Augen und auch ein gewisses Geschick, welches in der Regel nur der Strumpfwirker von Profession besitzt. Am rechten Platze angewendet, hat sie ihre gute erziehliche Wirkung.

21) **Stricken.** Zwar keine besonders geistvolle, aber praktisch überaus werthvolle Arbeit. Sie ist leicht zu erlernen, für Alte, Schwache, Kurzsichtige, Gebrechliche mit Vortheil zu verwenden, auch vom erziehlichen Standpunkte wohl zu empfehlen.

22) **Fleckchen- und Charpiezupfen.** Dies ist eine Arbeit für Alte, sonst die echte Strafarbeit, zur Aushülfe sehr nöthig, zur rechten Zeit ganz am Platze.

23) **Garnspulen.** Für den Laien eine sehr eintönige Arbeit; dem Gefangenen ist sie es gar nicht. Praktisch ist sie sehr brauchbar und nur wegen des Staubes grosse Sauberkeit zu empfehlen.

24) **Wolle- und Baumwollelosen.** Weil diese Beschäftigung gar keine Vorbildung und Uebung bedarf, als erste Arbeit für den Eingelieferten sofort verwendbar. Zu Zeiten gute Strafarbeit.

25) **Wollsortiren.** In der Regel nur für solche zu benutzen, welche einige Kenntniss von den Wollsorten haben. Erforderlich ist gute Lüftung wegen des Geruches. 24 und 25 geben gern Veranlassung zum Aufkommen der Flöhe.

26) **Wollereissen.** Erfordert einen sehr kräftigen Mann. Für prononçirte Faullenzer, sowie für Uebermüthige, die sich austoben wollen und sollen, sehr zu empfehlen.

27) **Wollespinnen.** Nicht schwer zu lernen und wegen der dabei nöthigen Bewegung nicht selten mit Vortheil anzuwenden.

28) **Wollezwirnen.** Weil es nöthig ist, dass der Mann dabei stets steht, mit Erfolg für diejenigen zu verwenden, die das Sitzen nicht vertragen können.

29) **Kammvorrichten.** Zum Reissen der Wolle sind eine ganz besondre Art von Kämmen mit Stahlzinken nöthig, welche sehr schnell verbraucht werden und im Handel schwer zu erhalten und theuer sind. Die Restauration derselben durch einen Gefangenen ist nicht so schwer und giebt eine zweckentsprechende Beschäftigung.

30) **Couvertmachen.** Dies ist eine saubere, leicht zu erlernende Beschäftigung, welche mit gutem Erfolge von Gefangenen ausgeführt wird, die früher ausschliesslich mit der Feder beschäftigt waren und auch später wieder zu derselben greifen müssen.

31) **Anfertigung von Bobinen für Spinnereien.** Dies ist eine Arbeit, der man den Werth, welchen sie für die Zelle hat, gar nicht ansieht. Sie ist nicht schwer zu erlernen, erfordert ein gewisses Maass von körperlicher Anstrengung, giebt selbst dem Geiste mancherlei Beschäftigung und lohnt.

32) **Musterdrucken.** Im Grunde eine Hilfsarbeit für das Gorlnähen. In der Zelle wohl ausführbar, interessant und lohnend.

33) **Liniren.** Hiermit ist das Liniren mit Hilfe der Maschine gemeint. Die Handhabung ist nicht mit grossen Schwierigkeiten verbunden. Die Liniaturen für Notiz-, Conto- und andre Bücher erfordern Sauberkeit, Accuratesse und Fleiss.

34) **Schreiberei.** Für den Gebildeten jedenfalls die erwünschteste Arbeit, selbst wenn sie im blossen Copiren besteht. Ist es aber möglich, schriftstellerische, oder advokatorische oder calkulatorische Arbeiten fertigen lassen zu können, so erweist man den Gefangenen, die damit vertraut waren, meist eine grosse Wohlthat.

Der Arbeiter in der Zelle hat manchen Vortheil vor dem, der in der Collektivhaft arbeiten muss. Er kann ungestörter arbeiten, seine Gedanken besser concentriren und wird nicht durch die Umgebung abgezogen. Im Sommer hat er den grossen Vortheil, mit Anbruch des Tageslichtes fortfahren zu können, sofern das Geräusch der Arbeit die Uebrigen nicht stört. Freilich sind dann aber die Wintertage für ihn um so viel kürzer. Auch die Ordnung und Reinlichkeit kostet ihm einen guten Theil seiner Zeit. Ebenso gehen auch leicht die Gedanken mit ihm durch und lassen ihm die Arbeit vergessen. Sofern er aber noch nicht fest in der Arbeit ist,

hat er ein Hauptbinderniss darin, dass er nicht durch einen Blick
auf die Nebenarbeiter sich informiren kann, sondern durch den
Aufseher sich Hilfe erbitten muss.

Eins muss noch besonders erwähnt werden. Der Gefangene
in der Zelle kommt leicht in den Fall, sich einmal abzuarbeiten,
in dem Sinne, wie man bei Gefangenen auch vom „Abgegessen
sein" redet. Es ist dies ein Zustand, in welchem der Isolirte
die Arbeit, die er vielleicht schon in der Freiheit betrieben, oder
in der Haft erst mit besonderer Vorliebe gelernt hat, so überdrüssig
geworden ist, dass er sie absolut nicht mehr mag. Vielleicht ver-
sagt er sogar jede Arbeit. Solcher Zustand ist mit grosser Vorsicht zu behandeln. Ich will mich jetzt blos damit begnügen, ihn
anzudeuten. Es geht hieraus schon hervor, dass die Arbeit für
die Behandlung der Isolirten, insonderheit für ihre eigentliche Erziehung ein überaus wichtiges Moment ist und dass daher die Vertheilung, der Wechsel, die Beurtheilung über Fleiss u. s. w. nie in
die Hand des blossen Vertreters der Arbeit in der Anstalt gelegt
werden darf, sondern von dem mit der Gesammtleitung Beauftrag-
ten in fester und sichrer Hand gehalten werden muss.

Später werde ich Gelegenheit finden, meine Beobachtungen
und Erfahrungen in dieser Hinsicht noch besonders zusammen-
zustellen und zu motiviren.

Die in dem Isolirgebäude vom 3. Oktober 1863 bis ultimo
December 1866 untergebrachten 666 Gefangenen gaben für die
Anstalt in derselben Zeit:

141428 Verpflegungstage,
  30233 davon waren arbeitlose Tage, d. h. solche, welche für
     die Arbeit nicht verwendet wurden. Dahin gehören
     christliche Sonn- und Feiertage, Tage der Krankheit
     und des vorübergehenden Unwohlseins, Straftage, israe-
     litische Festtage. Es verbleiben demnach an wirklichen
     Arbeitstagen:
111195.

Im Nachfolgenden sollen dieselben so geordnet werden, wie
sie sich nach den einzelnen Arbeitsbranchen vertheilen. Dabei
wird auch die Zahl der für jede Branche beschäftigten Arbeiter
angegeben werden, die natürlich viel grösser ist, als die Summe
der Detinirten und einen Maassstab abgiebt, wie oft für Einzelne
der Gefangenen in der Arbeit ein Wechsel hat eintreten müssen.

Art der Arbeit.	Zahl der Arbeiter.	Arbeits- tage.	Arbeitslose Tage.	Verpflegungs- tage.
Cigarrenarbeit	90	14207	4105	18312
Weberei	29	5170	2108	7278
Spulerei	200	9934	2938	12872
Wollelesen	440	13390	3145	16535
Wollereissen	24	1593	468	2061
Wollespinnen	25	2439	609	3048
Wollgarnzwirnen	7	778	225	1003
Kammvorrichten	3	108	17	125
Charpiezupfen	201	5153	1315	6468
Schneiderei	46	5359	1194	6553
Schusterei	11	657	158	815
Tuchschusterei	42	3757	1001	4758
Tischlerei	14	1463	448	1911
Holzstecherei	8	2356	638	2994
Federspielefertigen . . .	7	438	91	529
Strumpfnähen	21	1012	181	1193
Strumpfstricken	25	2438	593	3031
Haartressiren	8	961	319	1280
Manillaarbeit	74	11642	4015	15657
Gorlnähen	104	4116	1182	5298
Hülsenfertigen	57	5716	1481	7197
Gürtlerei	1	215	57	272
Täschnerei	40	3336	1013	4349
Buchbinderei	26	5704	1703	7407
Linirerei	8	1089	266	1355
Couvertmacherei	17	1193	346	1539
Schreibcrarbeiten	22	1238	533	1771
Hausarbeiten	61	5733	84	5817
28 Arbeitsbranchen Summa	1611	111195	30233	141428

Für die Beurtheilung des Ganzen ist es aber auch wichtig, zu wissen, welchen Ertrag die Arbeit für die Anstalt in den vorbezeichneten Arbeitstagen gewährt hat und wie sich derselbe pro Tag und Kopf vertheilt.

Bei den Angaben, die zu diesem Zwecke in der nachfolgenden Liste zusammengestellt werden, hat es sich aber nicht etwa um ideelle Grössen und Werthe gehandelt, sondern es ist zum

Grunde gelegt, was die Cassen-Verwaltung an Geldern wirklich verrechnet hat und ist darnach der Ausfall pro Kopf und Tag bestimmt. Es kann also selbstverständlich eine Abweichung gegen vielleicht contraktlich bestimmte Lohnsätze vorkommen, die dann dadurch sich erklärt, dass entweder von vielen Arbeitern das Pensum nicht erreicht, oder auch überschritten worden ist.

Im ersten Falle würde der Betrag geringer als der Lohnsatz, im zweiten Falle höher sein.

Art der Arbeit.	Arbeits- tage.	Arbeitsertrag.			pr. Kopf und Tag.	
		Thlr.	Ngr.	Pf.	Ngr.	Pf.
Cigarrenfabrikation . . .	14207	1894	8	–	4	–
Weberei	5170	1292	15	–	7	5
Spulerei	9934	596	1	2	1	8
Wollelesen	13390	669	15	–	1	5
Wollereissen	1593	318	18	–	6	–
Wollespinnen	2439	487	24	–	6	–
Wollgarnzwirnen	778	155	18	–	6	–
Kammvorrichten	108	25	6	–	7	–
Charpiezupfen	5153	257	19	5	1	5
Schneiderei	5359	1429	2	–	8	–
Schusterei	657	208	1	5	9	5
Tischlerei	1463	365	22	5	7	5
Holzstecherei	2356	376	28	8	4	8
Federspiele	438	102	6	–	7	–
Strumpfnähen	1012	91	2	4	2	7
Strumpfstricken	2438	284	13	–	3	5
Haartressiren	961	166	17	2	5	2
Manillanähen und wirken .	11642	1746	9	–	4	5
Gorlnähen	4116	480	6	–	3	5
Hülsenfertigen	5716	1429	—	–	7	5
Gürtlerarbeit	215	43	—	–	6	–
Täschnerei	3336	533	22	8	4	8
Buchbinderei	5704	1026	21	6	5	4
Liniren	1089	196	—	6	5	4
Couvertmachen	1193	238	18	–	6	–
Schreiberarbeiten	1238	495	6	–	12	–
Hausarbeiten	5733	1528	24	–	8	–
Tuchschusterei	3757	939	7	5	7	5
Summa	111195	17378	3	6	—	–

Bei den meisten Arbeiten ist ein Pensum vorgeschrieben, für dessen Lösung dem Gefangenen ein kleiner Verdienstantheil gewährt wird. Uebersteigt die Arbeitsleistung das Pensum, so wird dem Fleissigen noch ein sogenannter Ueberverdienst ausgesetzt. Die Isolirten erwiesen sich als besonders sparsam und dürfte eine darauf bezügliche Zusammenstellung nicht ohne Interesse sein.

Art der Arbeit.	Arbeits-tage.	Summa des Verdienstes der Arbeiter.			Verdienst pro Kopf und Tag.
		Thlr.	Ngr.	Pf.	Pf.
Cigarrenarbeit	14207	50	28	3	1,07
Weberei	5170	79	24	2	4,68
Spulen	9934	42	21	4	1,28
Wollelesen	13390	14	23	9	0,83
Wollereissen	1593	10	16	7	1,98
Wollespinnen	2439	2	13	8	0,80
Wollgarnzwirnen	778	2	7	9	0,87
Kammvorrichten	108	1	2	4	3,00
Charpiezupfen	5153	2	13	7	0,14
Schneiderei	5359	54	18	7	3,05
Schusterei	657	6	27	1	3,15
Tischlerei	1463	14	18	9	3,00
Holzstecherei . . .	2356	14	18	8	1,86
Federspiele	438	4	11	4	3,00
Strumpfnähen	1012	1	21	9	0,51
Strumpfstricken	2438	46	4	4	5,67
Haartressiren	961	20	19	8	6,44
Manillanähen und wirken . .	11642	337	21	-	8,70
Gorlnähen	4116	46	18	-	3,39
Hülsenfertigen	5716	148	6	9	7,77
Gürtlerei	215	3	13	6	4,81
Täschnerei	3336	55	18	-	5,00
Buchbinderei	5704	115	1	2	6,05
Liniren	1089	13	16	5	3,73
Couvertmachen	1193	20	27	1	5,25
Schreiberarbeiten	1238	12	11	4	3,00
Hausarbeiten	5733	57	7	9	3,00
Tuchschuhmacherei	3757	72	1	2	5,75
Summa	111195	1253	16	1	-

Von den Isolirten in der Abtheilung C haben demnach der Anstalt verdient pro Mann und Tag durchschnittlich: 46,88 Pf.

Für sich selbst aber haben sie erworben pro Mann und Tag durchschnittlich: 8,88 Pf.

IV. Die Beamten und ihr Dienst.

Das Zellengebäude bei der Anstalt Zwickau bildet keinen selbstständigen Organismus, sondern, wie schon erwähnt, nur einen Theil der Gesammtanstalt.

Die Beamten, welche dem Dienste im Zellenhause zugewiesen sind, können daher nur als zeitweise commandirt, nicht als für immer dort thätig betrachtet und nach Befinden auch wieder zu andern Dienstleistungen verwendet werden.

In vielen Stücken giebt es sogar für das Isolirgebäude gar keine besonderen Beamten.

Die Specialbeaufsichtigung war vom Tage der Eröffnung dem gehorsamst Unterzeichneten übertragen und ihm drei Aufseher zugewiesen worden, welche Zahl bei vollständiger Belegung des Hauses bis auf sechs erhöht werden musste.

Der Inspector und diese sechs Aufseher sind die einzigen Beamten, deren Hauptthätigkeit den Dienst bei den Isolirten umfasst.

In allen übrigen Stücken wird die Verwaltung des Zellenhauses durch die bei der Anstalt überhaupt angestellten Beamten mit besorgt und hat ein jeder derselben soviel davon, als eben in sein Ressort gehört. Es kann natürlich dem Unterzeichneten nicht beikommen, ein Urtheil über die Leistungen der einzelnen Beamten in ihrem Dienste, soweit er das Zellenhaus betrifft, abzugeben.

Der Aufsichtsdienst im Zellengefängnisse erweist sich als ein besonders schwieriger, wenn überhaupt mit Erfolg gewirkt werden soll.

Er macht in körperlicher und geistiger Hinsicht grössere Ansprüche und verlangt grössere Anstrengung.

Im Laufe der Zeit hat sich bei mir die Ueberzeugung zur Gewissheit erhoben, dass von der Tüchtigkeit der Aufseher die segensreiche Wirksamkeit der Zellenhaft vor allen Dingen mit abhängt.

Die zweckmässigsten Anordnungen werden illusorisch, wenn sie nicht in demselben Sinne und Geiste ausgeführt werden, in welchem sie gegeben sind und wenn nicht der ganze übrige Verkehr mit den Gefangenen diesem Geiste entspricht.

Es erscheint daher dringend nöthig, sich über die Qualifikation der Aufseher für den Zellendienst völlig klar zu werden. Wenn ich daher im Nachfolgenden über diesen Gegenstand mich ausführlicher verbreite, so mag dies darin seine Erklärung finden, dass ich nicht blos dem Aufsichtsdienste bei den Isolirten die höchste Wichtigkeit beilege, sondern auch diesem Zweige der Verwaltung besondere Aufmerksamkeit gewidmet habe.

Die Aufseher müssen rüstig, gesund und überhaupt Männer in den besten Lebensjahren sein. Die körperlichen Anstrengungen sind bedeutend. Die Ausführung der Anordnungen muss meist rasch erfolgen. Auch erfordert das Eingeschlossensein und der nicht zu vermeidende Zug eine gute Gesundheit. In geistiger Hinsicht ist nöthig ein ruhiger Ernst, gutes Gedächtniss, scharfe Beobachtungsgabe, Leichtigkeit der Auffassung und vor allen Dingen Liebe zum Dienste und ein warmes Herz für die Gefangenen.

Man muss zwei Arten des Dienstes unterscheiden, oder besser die Dienstleistungen von zwei verschiedenen Gesichtspunkten auffassen, fordern und beurtheilen.

Das Aeussere des Dienstes ist natürlich die nächste Aufgabe des Aufsehers. Die Aufeinanderfolge der einzelnen Dienstleistungen, die Mannigfaltigkeit der Punkte, worauf die Aufsicht zu richten ist, die unzähligen kleinen Bestimmungen, auf deren Befolgung dennoch mit der grössten Gewissenhaftigkeit geachtet werden muss, dies Alles besagt zwar die Dienstordnung für das Zellenhaus; aber es will doch gelernt sein und macht dem neuen Aufseher oft viele Mühe.

Es gilt aber nicht abzulassen, in der Geduld nicht zu ermüden, gleichwohl auch den Aufseher nicht muthlos zu machen und ihn zur Einsicht darüber zu bringen, dass die gestellten Forderungen Nothwendigkeit und nicht Pedanterie oder gar Eingebungen der Launen sind.

Ist es endlich gelungen, dies Ziel zu erreichen und den Aufseher in dem äussern Dienste recht tüchtig zu machen, so scheitert oft die Arbeit an der einen Klippe, dass er nun denkt, er hat seine Aufgabe gelöst und ist mit sich zufrieden.

Allein jetzt geht eigentlich das Erfassen der Aufgabe erst an. Jetzt gilt es, den Aufseher für den innern Dienst tüchtig zu machen.

Ohne Zweifel muss der Aufseher, der in unausgesetztem Verkehre mit den Gefangenen steht, diese besser beobachten und genauer kennen lernen können, als jeder andre Beamte, zumal der

Gefangene sich dem Aufseher viel mehr in seiner wahren Gestalt zeigt, als den höheren Beamten; denn er glaubt dem Ersteren nicht so viel Rücksicht schuldig zu sein.

Ist nun der Aufseher im Stande, gut zu beobachten und die Beobachtungen in nutzbarer Form dem Vorgesetzten mitzutheilen, so muss dieser ein klareres Bild von allen seinen Pflegbefohlenen erhalten, als durch seine eigenen Beobachtungen allein. Andrerseits hat er aber auch eine ausserordentliche Fülle von Mitteln durch die Aufseher in seinem Sinn und Geiste auf die Gefangenen zurück zu wirken.

Je inniger nun der Connex ist, in dem die Beamten in diesem Sinne zu einander stehen, desto erfolgreicher muss die Wirksamkeit werden.

Zu solchen Beobachtungen muss Seiten der Aufseher die Befähigung, Seiten des Leitenden aber das Geschick da sein, diese Befähigung auszubilden und zu benutzen. Keine Erscheinung ist unbedeutend, keine Beobachtung zu gering, als dass sie nicht für den denkenden Beobachter eine Unterlage zu einem Schlusse auf das Innere des Beobachteten dienen könnte.

Ich habe für meine Wirksamkeit den meisten Nutzen gezogen aus den täglichen Gesprächen mit jedem einzelnen Aufseher. Am erfolgreichsten habe ich gewirkt durch die Fingerzeige für die Aufseher in Rücksicht auf die Behandlung der Gefangenen. Es ist jedenfalls das Richtigste, wenn man seine eigne Art und Weise auf die Gefangenen zu wirken (vorausgesetzt, dass sie eine vernünftige ist) dadurch, dass man sie auf die Aufseher fortzupflanzen sucht, vervielfältigt. Die Leitung erscheint dann wie aus einem Gusse und es fällt ein Fehler aller Erziehung weg, der bei den Gefangenen in der elterlichen Zucht meist vorgeherrscht hat, nämlich die ungleiche Behandlung. Eine Klippe giebt es auch hier; ich meine die des Zuvielsehens, des Uebertragens vorgefasster Meinungen in die Beobachtung.

Das beste Correktiv dagegen ist eben das bessere Verständniss des Leiters, der es sich zur Aufgabe machen muss, jede Beobachtung zu prüfen, auf das rechte Maass zurückzuführen und den Aufseher darüber zu verständigen, was er in seine Beobachtung hineingetragen und worin er sich getäuscht hat. Diese Aufgabe ist eine unendlich schwere, aber auch eine überaus dankbare und ich wiederhole, ihre Lösung eine Hauptbedingung erfolgreicher Wirksamkeit.

V. Seelsorge und Unterricht.

Im Strafvollzuge sind Seelsorge und Unterricht von der aller-
grössten Bedeutung. Das ist eine allgemein anerkannte Thatsache.
Ihre Wichtigkeit aber für die Isolirhaft nachweisen zu wollen,
hiesse Eulen nach Athen tragen. Am allerwenigsten kann es dem
gehorsamst Unterzeichneten beikommen, etwa sich darüber zu ex-
pektoriren, wie die Seelsorge geübt und der Unterricht gehandhabt
werden müsse.

Er glaubt aber der Vollständigkeit halber in seinem Referate
die Bemerkung nicht unterlassen zu dürfen, dass auch nach dieser
Richtung für das Wohl der Gefangenen aufs Beste gesorgt worden
ist.

Zur Geschichte des Hauses mag hier nur erwähnt werden, dass
Herr P. Giesemann, Herr P. Fleischer und Herr P. Stille in demselben thätig gewesen sind und noch sind.

Seit Februar des Jahres 1866 ist auch in der Person des
Herrn Burkhardt ein besondrer Catechet für das Zellenhaus an-
gestellt, welcher den Unterricht ertheilt.

Die Isolirten sind rücksichtlich des Unterrichtes in 4 Klassen
getheilt.

Zwei davon, mit der Bezeichnung Selektenklassen, erhalten nur
Religionsunterricht durch den Geistlichen. Die zwei andern als
erste und zweite Schulklasse erhalten, ausser dem Unterrichte in
der Religion, auch noch Unterweisung im Lesen, Schreiben, Rechnen und in den gemeinnützigen Kenntnissen durch den Catecheten.
Ausserdem ist Vorsorge getroffen, dass die Isolirten, denen dazu
Erlaubniss ertheilt wird, sich auch in der Zelle geistig fortbilden,
wohl auch mit Zeichnen beschäftigen können.

Was in Bezug auf die hierbei einzuhaltenden Grundsätze zu
bemerken ist, hat der ehrerbietigst Unterzeichnete in den jeweiligen
Berichten über das freie Unterrichtswesen der Königlichen Anstalts-
Direktion vorzulegen die Ehre gehabt.

Die Bibliothek, welche einen Theil der für die Detinirten bestimmten Büchersammlung bildet, aber doch den Erfordernissen der
Isolirten angemessen durch den ersten Anstaltsgeistlichen ausgewählt
und abgezweigt ist, ist in allen Theilen der für die Gefangenen
geeigneten Literatur ziemlich gut bedacht und wird eifrig benutzt.
Es sind in dem hier in Frage stehenden Zeitraume 9459 Stück
Bücher ausgegeben worden.

Die Isolirten katholischer Confession haben Besuche, Unterricht und Bücher von dem katholischen Anstaltsgeistlichen in erforderlichem Maasse erhalten. Auch die Israeliten haben nicht nur ihre Bet- und Feiertage in der vorschriftsmässigen Weise abgehalten, sondern sind auch bisweilen durch die Besuche des Oberrabbiners erfreut worden.

VI. Erfahrungen und Beobachtungen.

Erfahrungen und Beobachtungen über Isolirhaft, wie oft sind sie schon gemacht, wie entweder zur Empfehlung oder zur Verdammung dieses Haftmodus der Oeffentlichkeit mit mehr oder weniger Emphase verkündigt worden, je nach dem Standpunkte, den der Beobachtende einnahm!

Erfahrungen und Beobachtungen über Isolirhaft werden, wie alle Beobachtungen und Erfahrungen, eine gewisse individuelle Färbung haben.

Auch die, welche ich hier niederzulegen versuchen will, werden von diesem Fehler nicht frei sein, obgleich ich ernstlich bemüht bin, denselben zu vermeiden. Mein Streben ist darauf gerichtet gewesen, das Gesetz zu erforschen, nach welchem die Zelle, wie jede Ursache, ihre Wirkungen hervorbringt.

Könnte dies gelingen, so wäre es allerdings unzweifelhaft, dass die Erfahrungen und Beobachtungen objektiv wären.

Weil aber die Zelle eine gar so complicirte Ursache ist, so müssen die Wirkungen noch viel complicirter und deshalb um so schwieriger festzustellen sein.

Insoweit als mir gelungen ist, diese Aufgabe zu lösen, insoweit werden die niedergelegten Beobachtungen auch den Charakter der Objektivität an sich tragen.

Zuvörderst erscheint es von Wichtigkeit, um in die Fülle von Beobachtungen, welche sich für den denkenden Beobachter ergeben, nur einige Ordnung zu bringen, die Gesichtspunkte festzustellen, von denen aus sie gemacht wurden, oder schärfer ausgedrückt, die Wirkungen der Zellenhaft zu scheiden.

Am einfachsten scheint es mir, sie in zwei grosse Gruppen zu trennen.

Einmal giebt es Wirkungen der Isolirhaft, die von der Natur und Beschaffenheit der Ursache abhängen, denen sich kein Indivi-

duum entziehen kann, und die daher auch bei Allen etwas Gleich-
artiges haben, ja ziemlich dieselben sind.

Das andremal aber finden wir solche, die von der Natur und
Beschaffenheit der Individualität, welche den Objekten eigen sind,
bedingt sind.

Vielleicht gelingt es mir, für diese Unterscheidung durch eine
Vergleichung verständlicher zu werden.

Die Zelle wirkt auf den leiblichen und geistigen Organismus
wie ein Medikament.

Alle Opiate z. B. haben eine gewisse, vom Arzte genau ge-
kannte Wirkung auf den menschlichen Organismus, dem sich Nie-
mand, der ein Opiat nimmt, entziehen kann.

Wir haben es also hier mit einer Wirkung von beinahe apo-
diktischer Consequenz zu thun.

Vermöge der individuellen Originalität, oder auch der origi-
nalen Individualität wird diese Wirkung bei dem Individuum nicht
blos selbst vielfach verändert, sondern es werden ausserdem noch
eine solche Fülle von Wirkungen erzeugt, welche der Arzt entweder gar nicht bestimmen kann, oder nur auf Grund genauester
Kenntniss der individuellen Constitution nur zu ahnen im Stande ist.

In noch weit höherem Maasse ist dies bei der Wirkung der
Zellenhaft der Fall. Nicht, als ob ich die Bezeichnung für richtig
hielte, sondern nur der Kürze wegen und weil es so schwer ist,
Worte zu finden, welche die hier damit zu verbindenden Begriffe
vollständig decken, will ich die erste Art der Wirkungen der Zellenhaft absolute, die zweite relative nennen.

Demnach würde ich zuerst von den absoluten Wirkungen
der Zellenhaft reden, soweit sie in den Kreis meiner Beobachtungen gekommen sind.

Die an dem Gefangnen zuerst ersichtliche Wirkung der Zelle,
der sich kein Einziger entziehen kann, ist eine mehr oder weniger
vortretende Abmagerung. Es beruht nicht etwa auf Täuschung,
wenn ich behaupte, dass dieselbe eine Folge der Zelle und nicht
der Haft im Allgemeinen ist. Sie kann auch in der Collektivhaft
vorkommen, ist aber dort nicht so auffallend und nur selten. In
der Zelle tritt sie stets ein, ist oft weniger am Gesichte als am
Körper zu sehen. Wunderbarer Weise verbindet sie sich mit ge-
steigertem Appetite. Selbst bei Leuten, welche aus besseren Ständen gekommen sind und in der Freiheit nur wenig Brod assen,
stellt sich ein kaum zu beseitigender Hunger ein.

Selbstverständlich finden auch hier, je nach der Individualität, Verschiedenheiten statt. Vollständig weggeblieben ist diese Wirkung, so weit meine Beobachtungen reichen, nie. Diese Abmagerung erfolgt bis zu einem gewissen Grade, etwa bis zum 4ten beziehendlich 6ten Monate. Es erfolgt ein Stillstand, wohl wieder ein Zunehmen der Körperfülle und ein normales Auftreten des Hungers. Jedenfalls würde es mich für dieses Referat zu weit führen, wollte ich meine Ansichten über die Veranlassungen zum Eintritte jeder einzelnen Wirkung abgeben. Es genügt mir, die Thatsache zu constatiren.

2) Es zeigt sich an dem Zellengefangenen ferner eine grosse Neigung der Haut zu erhöhter Transpiration.

Kurze Zeit nach dem Eintritte des Gefangenen in die Zelle fängt es an, ihm heiss zu werden. Er schnappt und ringt förmlich nach frischer Luft. Die Jahreszeit hat hierauf keinen Einfluss. Der Schweiss tritt in hellen Tropfen aus den Poren und rinnt im Gesicht herab. Ich habe das ohne Ausnahmen gefunden und bei dem ruhigsten, harmlosesten Gespräche beobachtet.

Mit der Zeit nimmt diese übergrosse Transpiration etwas ab; allein die Haut fühlt sich stets feucht an. Die Hände der Zellengefangenen fühlen sich immer feucht und kühl an. Vielerlei Arbeiten werden dadurch sehr erschwert.

Aus dieser Wirkung erklärt sich die überaus grosse Empfänglichkeit der Isolirten für jeden Wechsel der Witterung. Alle Zellengefangenen sind sehr geneigt, sich zu verkühlen und rheumatische Schmerzen kommen ausserordentlich häufig vor. Für die Verwaltung und Behandlung der Isolirten ist diese Wahrnehmung wichtig genug.

3) Eine weitere Folge ist erhöhte Reizbarkeit des Nervenlebens.

Sie stellt sich in der Regel sehr zeitig ein, ist aber, wie begreiflich, nach der Natur des Individuums verschieden. Es ist überhaupt immer wieder darauf zu verweisen, dass jede Wirkung nach der Individualität des Einzelnen ihre besondre Färbung erhält.

Auch dieser 3. Wirkung kann sich kein Individuum entziehen. Man darf nicht glauben, dass sie bei Menschen, welche im Zustande der Freiheit von Nervosität so gut wie gar nichts wissen, nicht vorkomme. Bei ihnen tritt sie um so stärker auf, je länger die Haft andauert, während sie bei Personen, welche überhaupt nervös sind, am Anfange stärker hervortritt, später aber sich abschwächt.

Die Aeusserungen dieser Wirkung sind ausserordentlich mannig-
faltig. Sie zeigt sich durch übergrosse Aengstlichkeit, namentlich
Zittern in den Knieen; durch heftiges Weinen; durch unmotivirte
Reizbarkeit und Empfindlichkeit; durch Seufzen und Stöhnen; durch
heftiges Träumen; durch Schlaflosigkeit, durch eingebildete Krankheitserscheinungen, sogar durch Hallucinationen.

Es ist für die Leitung eines Zellengefängnisses von der höch-
sten Wichtigkeit, diese Aeusserungen zu kennen und mit sichrem
Blicke zu erkennen, dass alle diese Mannigfaltigkeit auf eine einzige Grundveranlassung sich zurückführen lässt.

In der Kenntnis aller dieser Zeichen erhöhter Nervenreizbar-
keit liegt das ganze Geheimniss, wie der Beamte die Leitung der
Gefangenen sich ausserordentlich leicht machen, das Vertrauen derselben sich völlig gewinnen, aber auch im entgegengesetzten Falle
sie mit leichter Mühe bis zur äussersten Renitenz, ja bis zum Wahnsinn treiben kann.

Vor allen Dingen kann nicht genug betont werden, dass mit
der erhöhten Reizbarkeit des Nervenlebens das ganze Heer sexueller
Verirrungen seinen Einzug in die Strafanstalten hält, wodurch so
unsägliches Elend hervorgebracht wird.

Man glaubt nicht, was in Folge dieser Sensibilität, in Verbindung mit der Fantasie, Anregung zu geschlechtlichen Reizungen
giebt.

Das einfachste Bild, worin der freie Mann auch nicht die Spur
von Reiz zu entdecken vermag, die unbedeutendste Anspielung auf
geschlechtliche Verhältnisse, der Anblick flatternder Bänder oder
Kleider, setzen den Zellengefangenen in eine Aufregung, von der
sich der Laie keine Vorstellung zu machen im Stande ist und erfordern zur Bekämpfung einen Aufwand von Willensenergie, den
die wenigsten Isolirten zu bestreiten im Stande sind.

Bei länger d. h. jahrelang andauernder Einzelhaft zeigt sich
als

4) absolute Wirkung noch eine mehr und mehr sich ent-
wickelnde Menschenscheu und nach und nach eintretende
völlige Unbrauchbarkeit fürs praktische Leben.

Der Eintritt dieser Wirkung kennzeichnet sich dadurch, dass
der Gefangne um keinen Preis seine Zelle verlassen will. Selbst
die Bewegung im Freien ist ihm zuwider und der Gedanke an Entlassung kann ihm Angst und Schrecken beibringen. Wird er mit
andern Menschen in Verbindung gebracht, so ist er unverträglich,

empfindlich, schlaff in der Arbeit und hat nur eine Sehnsucht, die nach seiner Zelle.

Ist die Entlassung nahe, so gefällt sich ein solcher Gefangener in mark- und haltlosen Projekten für Auswanderung, ohne den bestimmten Wunsch nach einer neuen, ehrenhaften Existenz, sondern nur, um das in der Zelle geführte Traumleben auf die Freiheit übertragen zu können, da ihm seine Erinnerung von den alten Verhältnissen noch so viel gelassen hat, dass er sich wohl sagen kann, es werde sich in denselben seine kranke Idee schwerlich realisiren lassen. Wenn diese Wirkung eintritt, so ist dies eigentlich ein Beweis, dass die Zellenhaft mit Unverstand angewendet worden ist.

Opium in kleinen Dosen und unter verständiger Anleitung gegeben, wirkt als heilsame Arznei. Fortgesetzt genommen und im Uebermaass führt es zu Delirien.

Ich weiss wohl, der Kreis der absoluten Wirkungen der Isolirhaft ist damit nicht erschöpft.

Sicher sind aber die angeführten, die am schärfsten hervortretenden, diejenigen, welche für den Strafvollzug und die Behandlung der Gefangenen am wichtigsten sind. Alle anderen lassen sich, bei genauer Prüfung, auf die genannten zurückführen.

Die individuelle Beschaffenheit des Objekts hat auf die Schattirung dieser Wirkungen Einfluss, aber nur einen sehr untergeordneten.

Sie hängen mehr ab von der Natur der Ursache, d. h. der Zelle. Die Wirkungen aber, von denen ich nun reden werde, sind vorherrschend von der Natur und Beschaffenheit des Individuums bedingt, obschon sie in gewisser Hinsicht auch von der Natur der Ursache abhängen und deshalb etwas vom Charakter des Absoluten an sich tragen.

Unmassgeblich werde ich sie als

die relativen Wirkungen der Zellenhaft

bezeichnen.

Der zur Erstehung einer Freiheitsstrafe Verurtheilte wird aus den früheren innigen Verhältnissen und vielfachen Beziehungen, in welchen er durch die Familie, den Wohnort, die bürgerliche Stellung, den Beruf u. s. w. verbunden war, herausgerissen.

Er gleicht einem Baume, dem man die Krone abgeschnitten und zu neuem Triebe in das Gewächshaus versetzt hat. Er ist ähnlich einem Schwererkrankten, bei dem man über Natur und Wesen der Krankeit noch nicht ins Klare gekommen ist, und den man zur Beobachtung in ein Krankenzimmer versetzt hat.

4*

Dieses Gewächshaus, dieses Krankenzimmer ist für den Gefangenen die Zelle. Sie ist demnach für ihn nichts, als der Ort, an welchem die inwohnende Kraft einen neuen Aufschwung nehmen kann, vorausgesetzt, dass sie es im Stande ist. So vielgestaltig in der Praxis auch die Form dieses Aufschwunges sein kann, so sind im Grunde genommen, doch nur drei Fälle denkbar.

Möglicher Weise ergiebt sich, dass die Kraft so schwach ist, dass sie eines neuen Aufschwunges nicht mehr fähig ist.

Es tritt dann völlige Indolenz ein, auf welche durch nichts ein irgend nachhaltiger Eindruck hervorgebracht werden kann. Oder es tritt ein Aufschwung zum Schlechten ein.

Wenn wir das Bild vom Krankenzimmer beibehalten, so würden wir sagen müssen: Die Krankheit kommt erst zum vollen Ausbruche und führt entweder zum Tode, oder zur Genesung.

Im dritten Falle endlich, wenn die Neigung zum Schlechten nicht allzumächtig war, sondern die Richtung zum Bessern jene Neigung überwinden kann, tritt eine heilsame Reaktion ein, die Aussicht auf vollständige Genesung und Wiedergewinnung fürs Leben eröffnet.

Die relative Wirkung der Zelle ist demnach eigentlich eine sehr einfache.

Sie zeigt, was an dem inwendigen Menschen des Gefangenen ist.   .

Dabei wird sich, je nach Umständen, ein Dreifaches ergeben:

1) wird sich zeigen, dass das geistige Leben manches Gefangenen so weit darnieder liegt, dass es eines neuen Aufschwunges zum Besseren nicht fähig ist.

Für diese ist die Zelle relativ völlig wirkungslos. Nur absolute Wirkungen werden sich zeigen. Sie haben daher für die weitere Betrachtung keinen Werth.

2) wird sich ergeben, dass bei andern Gefangnen das geistige Leben mit der Sünde soweit verwachsen ist, dass eine Losreissung desselben von dem Bösen unendlich schwer, wenn nicht unmöglich ist.

Hier kann die Zelle zur wahren Brutstätte der Rohheit und Bestialität werden, ja sogar zur völligen geistigen Zerrüttung, zum Wahnsinn führen. Der Isolirte dieser Gattung wird eher und öfter dem Arzte anheimfallen, als dass an ihm die Wirkungen der Zellenhaft weiter zu beobachten wären.

3) wird sich zeigen, dass bei einem andern Theile der Gefangenen die geistige Kraft von ihrem normalen Wege nur vorübergehend abgelenkt, aber doch noch so intensiv ist, dass sie es vermag, alle Hindernisse zu überwinden, um wieder die normale Bahn einzuschlagen.

Bei dieser Art von Gefangenen ist für die Wirkung der Zellenhaft die meiste Aussicht auf guten Erfolg geboten.

Wie leicht erklärlich, treten diese Wirkungen nicht mit einem Schlage ein, sondern repräsentiren gleichsam die Endergebnisse einer längeren Einwirkung der Zelle. Nach einer Pause, welche der Gefangene gleichsam zum Festwurzeln in dem neuen Boden, zum Heimischwerden in den neuen Verhältnissen braucht, ist die nächste Wirkung der Zelle eine Concentration aller seiner geistigen Kräfte auf sein eignes Innre.

Der Eintritt dieser Concentration offenbart sich

a) durch auffallende Verschärfung aller intellectuellen Kräfte;

b) durch ungewöhnliche Vertiefung des Gefühlslebens und

c) durch sichtbare Anspannung zu erhöhter Willensthätigkeit.

Hieraus ergeben sich für die Wirkung der Zellenhaft an den Gefangenen vier Perioden, welche sogar gewisse Zeiträume umfassen.

I. Periode. Während derselben lebt der Isolirte, wenn er Neueingelieferter ist, unter dem Drucke der empfangenen neuen Eindrücke. Die Verurtheilung, der Abschied von den Seinen, der Transport, die Procedur des Einkleidens, die Vertheilung etc. etc., das Alles überwältigt ihn so, dass er im Zustande der Apathie sich befindet und beinahe unempfindlich ist für das, was um ihn und mit ihm geschieht.

Ist er aus der Collektivhaft in die Zelle versetzt worden, so ergeht es ihm ganz ähnlich. Entweder ist eine Bestrafung oder ein andres Ereigniss von besondrer Bedeutung die Veranlassung dass er dahin gekommen ist. Auch in diesem Falle tritt eine Periode der Ruhe, des Sichzurechtfindens in den neuen Verhältnissen ein.

Das Einzige, was den Gefangenen aus seiner Apathie aufstört, ist das Bestreben, den Anforderungen der Hausordnung gerecht zu werden. Diese erste Periode ist meist von kurzer Dauer. Sie umfasst, je nach der Individualität des Isolirten, einige Tage, oder auch 2—4 Wochen.

II. **Periode.** Die Periode des Nachdenkens, des Sich-
besinnens, des Erinnerns.

Die in das eigne Innere gewendete geistige Kraft, namentlich
die intellektuelle, hat in der Gegenwart keinen Anhalt, in der Zu-
kunft keinen Reiz; sie wendet sich nothwendig der Vergangenheit
zu. Das Objekt des Denkens ist zunächst die Untersuchung. Alle
Verhöre, vom ersten bis zum letzten, werden im Geiste recapitulirt,
die Protokolle verlesen, die Zeugen verhört, die Reden der Staats-
anwälte und Vertheidiger recitirt und vor Allem das Crimen von
Neuem beleuchtet.

Das Resultat ist: Meine Sache ist nicht genau untersucht, die
Zeugen sind nicht vollständig verhört, die Protokolle sind nicht
recht abgefasst, ich bin überhaupt ungerecht verurtheilt worden.
Deshalb: Neue Anträge, neue Untersuchung etc. Das Denken
drängt weiter zurück auf die Ursachen des begangenen Verbrechens;
der Gefangne wird in seine Jugend geführt. Eltern, Lehrer, Verwandte, Geschwister u. s. w. erscheinen und werden beschuldigt,
den Fall herbeigeführt zu haben. Endlich nach weiterem Forschen
und Grübeln kommt der Gedanke: Du bist selbst Schuld.

Das Gewebe der eignen Fehler und Lügen tritt klar vor die
Seele und treibt das Bekenntniss auf die Lippen: Ich bin nicht
werth, dass ich dein Sohn heisse.

„Dein Sohn!" Damit erwacht auf einmal eine ganz andere
Welt, welche in der Wirkung der Zellenhaft um einen Schritt
weiter führt.

Wie viel qualvolle Tage und schlaflose Nächte zwischen jener
ersten Periode und diesem Bekenntnisse liegen, das hängt hauptsächlich von dem Stande der Bildung, vor Allem von der Individualität ab.

Der Leichtsinnige, der Boshafte, der Verschlossene, der Ver-
bitterte, der Schwache, der Starke, wie auch die verschiedenen
Nüançen der moralischen und sittlichen Anlage des Charakters
oder Temperaments genannt werden mögen, alle müssen sie den
gleichen Weg gehen. Der Zeitraum, den diese Periode umfasst,
ist länger, als der erste. Er begreift die Zeit vom 2ten bis 4ten,
höchstens bis 6ten Monate der Isolirhaft in sich.

Berücksichtigen wir noch die drei vorhin angegebenen Kate-
gorien von Gefangnen, so kommt die erste entweder gar nicht,
oder doch nur bis zu den Anfängen dieser Periode, um dann in
Indolenz zu versinken. Bei der 2ten kommt es entweder in dieser

oder spätestens in der nächsten Periode zur Katastrophe, welche entweder mit dem erneuten geistigen Leben,· oder mit dem Tode endet.

Die ·3te aber wird sie, so bitter es auch sein mag, von Anfang bis Ende durchkosten, um in der 3ten Periode eine ·Erleichterung und einen Trost zu finden.

III. Periode. Dies ist die Periode des vorherrschenden Gefühls.

Hier beginnt, wenn ich mich so ausdrücken darf,· der eigentliche geistige Naturheilprocess mit einer aufrichtigen Reue. ·

Ist der Isolirte bis zur Erkenntniss seiner Schuld und bis zum Bekenntniss seiner Sünde gekommen, so tritt das Gemüthsleben in den Vordergrund und zeigt sich von einer Weichheit und Zartheit, die man bei einem Menschen, der eines Verbrechens fähig gewesen ist, gar nicht erwarten sollte. Er weint zahllose Thränen und — sie sind ihm heilsam, sie thuen ihm wohl.

Diese Thränen sind gleichsam das Bad der Wiedergeburt, die blutige Taufe, durch welche sich sein bekümmertes Gewissen das Vertrauen auf Vergebung verschafft.

Sie sind, in Verbindung mit der Seelenangst und dem Suchen nach Rath und Trost die wahre Sühne für die begangene Schuld.

Hier· ist der Zeitpunkt, wo die helfende, rettende Hand des erziehenden Freundes und Berathers anfassen muss. In der vorigen Periode kann sie nur nachhelfen; hier aber muss sie aufhelfen. Von langer Dauer ist diese Periode nicht. Sie ist die eigentliche Krisis, auf welche entweder, wie schon erwähnt, der Tod oder baldige Genesung erfolgt. Bei Manchen ist sie nur ein flüchtiger Moment; bei Andern dauert sie Tage; über einen Monat dehnt sie sich nie aus. ·

Auf sie folgt nun die ·:

IV. Periode. Das ist die Periode des neuerwachten thatkräftigen Willens.

Der Gefangene weiss jetzt, wo es ihm gefehlt hat; er weiss, was ihn in diesen elenden schmachvollen Zustand gebracht hat und er will — es soll anders werden. ·

· Mit äusserster Energie arbeitet er an seiner eignen Besserung; mit voller Kraft giebt er sich den ihm übertragnen Arbeiten hin; mit frischem Muthe denkt er auch an ·die ·Zukunft.

Allein nunmehr wird ihm bald seine Zelle zu enge. Er braucht Raum zur Entfaltung seiner Kraft; er braucht Aussicht auf Erfolg seiner Bestrebungen. Ist erprobt, dass dies nicht blos eine flüchtige Regung der Willenskraft, sondern dass sie von nachhaltiger Dauer ist, so ist damit der Zeitpunkt gekommen, wo der Gefangene unter allen Umständen aus der Zelle entfernt werden muss, wenn nicht das bis jetzt Errungene rettungslos verloren sein soll. Verbleibt er trotzdem noch länger in der Zelle, so ist dies ein Missgriff der Verwaltung, der den schon oben erwähnten Schaden bringen und den Detinirten für das Leben in der Freiheit untauglich machen muss.

Andrerseits muss auch der Gefangene alle vier Perioden der Einwirkung der Zellenhaft durchlaufen haben, wenn er Erfolg davon haben soll. Wird er früher entlassen, so ist die Cur unterbrochen und es erfolgt alsdann keine Heilung, sondern meist eine bedeutende Verschlimmerung des Zustandes.

Ebensowenig lässt sich von einer Wiederholung der schon beendeten Cur Heil erwarten; denn war die Naturheilkraft zu gering, um gegen das Krankhafte und Verderbliche zu reagiren, so wird sie in späterer Zeit nicht gewachsen sein und nicht wachsen können. Eine Wiederholung kann also nur dasselbe, oder wohl gar nur ein noch schlechtres Resultat liefern, als das frühere war.

Die verschiedenen Spielarten psychischer Individualitäten brauchen bei der Darstellung der Wirkungen der Isolirhaft nicht einzeln berücksichtigt zu werden, da das geistige Leben in jedem Individuum seiner Wesenheit nach ein und dasselbe ist, demnach auch gleiche Wirkung von derselben Ursache erfahren muss, höchstens dieselbe nach der Specialität seines Wesens nur mehr oder weniger moderiren kann.

VII. Consequenzen.

Wenn ich dem logischen Gange meines Referats folge, so darf ich nothwendiger Weise auch nicht vor den Consequenzen zurückweichen, die sich aus den aufgestellten Prämissen ergeben.

Diese Consequenzen sind allerdings so umfassend, dass sie ein ganzes Compendium füllen würden, wollte ich sie nur mit einiger Ausführlichkeit behandeln.

Sie sind zugleich so mannigfaltiger Art, dass ich erst wieder eine besondere Eintheilung feststellen müsste, um sie nur geordnet besprechen zu können. Dies glaube ich durchaus unterlassen zu sollen, namentlich insoweit, als sich aus dem Gesagten die Regeln für die Behandlung der Zellengefangenen ergeben.

Dürfte ich überhaupt annehmen, dass ich in den aufgestellten Beobachtungen überall das Richtige getroffen habe, so würde sich daraus eine Grundlage für die Leitung, Beobachtung und Beaufsichtigung der Isolirten bilden, welche über den Modus des einzuschlagenden Verfahrens auch nicht in einem Falle in Zweifel liesse.

Wenn ich nun freilich weit entfernt bin, solche Infallibilität behaupten zu wollen, so weiss ich doch so viel bestimmt, dass die Sicherheit in der Behandlung der Zellengefangenen einzig und allein von der Gründlichkeit und Schärfe der gemachten Beobachtungen und Erfahrungen abhängt.

Für das vorliegende Referat sehe ich von dieser Art der Consequenzen ganz ab und fasse nur jene ins Auge, welche für die Beurtheilung von der Bedeutung, dem Wesen und der Zulässigkeit der Anwendung der Zellenhaft von Wichtigkeit sind.

Ebensowenig werde ich mich auf eine nähere Begründung der gezogenen Consequenzen einlassen, sondern mich blos mit ihrer Aufzählung begnügen.

Aus dem im vorstehenden Gesagten folgt:

I. Die Zellenhaft ist völlig ungeeignet als selbstständiges System für die Erreichung der Zwecke des Strafvollzugs aufgestellt und angewendet zu werden.

II. Ob und auf wie lange die Zellenhaft für das Individuum angewendet werden soll, kann nie vom Richter, sondern allein von dem Strafanstaltsbeamten auf Grund eingehendster psychologischer Diagnose und Beobachtung entschieden werden.

III. Die Zellenhaft kann aus drei verschiedenen Gründen verhängt werden:

a) Zur Beobachtung, wenn es sich darum handelt, über das wahre Wesen eines Gefangenen klar zu werden.

b) Aus polizeilichen Rücksichten, wenn es gilt, gemeingefährliche Subjekte. oder mit ekelhaften, ansteckenden, chirurgisch zu behandelnden Krankheiten Behaftete abzusondern.

c) Zur Besserung und Heilung, wenn von den als bekannt vorausgesetzten Einwirkungen der Zellenhaft

5

auf das Individuum seiner psychischen Anlage nach
heilsame Folgen zu erwarten sind.

IV. Für jede Kategorie von der Art Isolirten wird die Behandlung derselben wesentliche Modifikationen erfahren
müssen. Eine schablonenmässige Behandlung wäre grund-
falsch.

V. Zur Beobachtung sollte jeder Gefangene isolirt werden,
der zum ersten Male das Strafhaus betritt.

VI. Aus polizeilichen Rücksichten sollten nur die isolirt werden,
von denen man die unumstössliche Ueberzeugung erlangt
hat, dass sie Andern gefährlich oder anstössig sind. Derartige Isolirung ist schlimmer und bedenklicher als De-
portation.

VII. Zur Besserung sollte keiner isolirt werden, dessen Strafzeit nicht Aussicht gewährt, dass er das Heilungsver-
fahren vollständig absolviren und alle Stadien, welche die
Isolirhaft in ihm hervorrufen wird, durchlaufen kann.

Von Zellengefangenen, welche vor der Zeit entlassen
werden mussten, müssen die meisten rückfällig werden.

VIII. Zellengefangene, welche die 4te Periode der Umwandlung
in der Zelle durchlaufen haben, noch länger daselbst belassen, ist ein grosser pädagogischer Fehler und heisst ein
mühsam vollendetes Werk sofort nach der Vollendung
wieder eigenhändig zerstören.

IX. Das Arbeitswesen in einem Zellengefängnisse zur Haupt-
sache machen und namentlich unter besondre Leitung
stellen, heisst den wahren Zweck der Zellenhaft völlig
unerreichbar machen.

In jeder Periode muss die Arbeitsleistung eine andre
sein. Wenn irgendwo, so ist hier die Einheit der Verwaltung unbedingtes Erforderniss.

X. Bei der Beurtheilung disciplineller Vergehen von Isolirten
ist stets auf das Stadium, in dem sie sich befinden, Rücksicht zu nehmen.

XI. Zur Erstehung einer Zellenhaft, welche länger dauert, als
etwa zur Beobachtung nöthig ist, sind ungeeignet:

1) alle die, welche ausgeprägte Anlage zu einem orga-
nischen, körperlichen Leiden haben; denn dieses bildet
sich unter dem Einflusse der Zelle meist mit reissender
Schnelligkeit aus.

2) die, welche wenig Elasticität des Geistes besitzen, also: Beschränkte, Dumme, geistig Schwache etc.

3) die, welche vom Leben wenig hinter sich, namentlich eine freud- und liebeleere Jugend gehabt haben, demnach die Jungen, die, welche aus Armen- und Gemeindehäusern stammen, in vielen Fällen auch, die uneheliche Kinder gewesen sind.

4) die, welche unmässig im Genusse gewesen sind, wie die Säufer und ganz besonders die, welche in sexueller Hinsicht stark extravagirt haben.

5) die, welche über 50 Jahre alt sind.

Zwickau, den 7. August 1868.

Alexander Krell.